AI 상상권력

인공지능총서

인공지능 시대입니다. 기계가 인간의 인지를 대신하고, 사물이 인간을 통하지 않고 다른 사물과 직접 커뮤니케이션합니다. 이에 따른 인간 삶과 문명 변화를 정확히 이해·예측·대응하는 것은 이 시대 우리 모두의 과제입니다. 인공지능총서는 인공지능 기술과 환경의 여러 주제를 10가지 키워드로 정리합니다. 관련 개념과 이론, 학계와 산업계의 쟁점, 우리 일상의 변화를 다룹니다. 인간과 기술의 현재, 미래를 세심히 분석합니다.

일러두기

- 인명, 작품명, 저서명, 개념어 등은 한글과 함께 괄호 안에 해당 국가의 원어를 병기했습니다.
- 외래어 표기는 현행 어문규정의 외래어표기법을 따랐습니다. 다만 ‘딥러닝’, ‘딥마인드’, ‘딥페이크’ 등은 관행을 따랐습니다.

AI 상상권력

김민주

대한민국, 서울, 커뮤니케이션북스, 2024

AI 상상권력

지은이 김민주
펴낸이 박영률

초판 1쇄 펴낸날 2024년 11월 29일

커뮤니케이션북스(주)
출판 등록 2007년 8월 17일 제313-2007-000166호
02880 서울시 성북구 성북로 5-11
전화(02) 7474 001, 팩스(02) 736 5047
commbooks@commbooks.com
www.commbooks.com

ISBN 979-11-7307-218-5 03500

책값은 뒤표지에 표시되어 있습니다.

차례

AI의 보이지 않는 권력

인간은 상상하는 능력 덕분에 지금에 이르렀다. 그리고 인간의 상상을 통해 만들어진 그 무엇이 이 세상을 굴러가게 한다. 인간의 상상력으로 이 세상을 만든 그 무엇들에는 제도, 시스템, 정책, 전통, 종교, 국가, 의례 등 무수히 많은 것들이 해당한다. 이것들은 원래 존재하지 않았던 것이지만, 인간이라는 종의 상상하는 능력 때문에 만들어진 것이다. 유발 하라리(2015)의 말처럼 허구를 지어내는 능력과 그것을 믿는 모습은 인간이라는 종의 가장 독특한 특징이다. 상상이 허구를 지어내고 그로부터 만든 이 세상의 상상물을 사람들은 믿는다. 나아가 그 상상물은 다시 우리 인간을 상상하게 한다. 그렇게 세상은 돌아간다.

새로운 상상거리로서 AI

상상하는 인간은 상상의 거리(something)가 있으면 상상을 한다. 앞서 언급한 인간의 상상 능력도 상상하게 하는 거리가 있을 때 가능하다. 사실, 상상할 거리는 우리

도처에 널려 있다. 정도(degree)의 문제일 뿐 무엇을 대상으로 하든 상상력을 지닌 인간은 상상할 수 있다.

하지만 시대와 사회를 살아가는 인간에게 시대와 사회의 조류(潮流)는 다방면에 영향을 미친다. 어떤 시대적 조류에 따라 시대를 구분하면, 그 조류는 시대를 살아가는 이들에게 많은 영향을 주었다는 의미다. 모든 것을 두고 상상하는 인간이라고 해도 우리 인간에게 조금 더 상상하게 하는 것이 있고, 그것에 대해 다른 사람과 비슷하게 상상하기도 하고, 전혀 반대로 상상하기도 한다.

그렇다면, 지금 우리 시대와 사회의 조류를 형성하는 것은 무엇일까? 무엇이 비교적 비중 높은 상상거리가 되고 있을까? 조류가 활자 정보로 많이 표출된다는 점에서, 최근에 이슈화되는 정보로 가장 많이 등장하는 것은 무엇일까? 장담컨대, 종이 신문을 가지고 있다면 지금 당장 그 신문을 펼쳐 보면 금세 이 질문에 답할 수 있다. 답은 AI다. AI에 관한 이야기가 비단 신문뿐 아니라 여러 미디어와 각종 대화에서도 수없이 언급되고 있다. 제4차 산업혁명, 디지털, 스마트 등의 말들도 모두 AI로 수렴되는 듯해 보일 정도다.

설사 정답은 알 수 없어도 그 답이 AI라면, AI가 상상의 거리가 된다는 말이다. 실제로 우리는 AI로 구현된 많은 것들을 보면서 상상하고, 또 구현될 것으로 예상되는 사례를 들으며 상상하고, AI가 적용되지 않는 곳이 없다는 말을 듣고 먼 미래에나 겨우 실현될 수 있을 것으로 여겨지는 것도 상상해 본다. 지금 이 시대와 사회의 조류를 형성하는 요인 중 하나라 할 수 있는 AI는 우리를 상상하게 한다.

AI에 의한 상상권력과 상상의 내용

그런데, 여기서 눈여겨볼 것 하나와 궁금한 점 하나가 생긴다. 우선 눈여겨볼 것 하나는 AI에 의한 상상을 어떻게 표현하고 있는가의 문제로, 그것은 '상상하는 것'과 '상상하게 만드는 것'의 차이를 말한다. 전자는 주체의 주체성에 의한 상상을 말하는 것이라면, 후자는 제3의 무엇이 주체가 상상하도록 하게 만드는 것이다. 영어식 표현으로 말하면 능동과 수동의 차이다.

구체적으로 보면, AI를 접하는 우리 인간은 AI를 통해 '상상할 수'도 있고 '상상하도록 될 수'도 있다. 둘 다 가능하지만, 사실 시간적 맥락으로 볼 때 능동보다는 수동이 더 강하게 작용했을 수 있다. AI는 전에 없던 것이기에 등장하면서 우리에게 상상하도록 하였기 때문이다. 그 전에 없던 것을 보면 먼저 보면서 상상하므로 우리는

'상상하도록 된' 것이다. 상상하도록 만든 결과로 우리가 '상상하게' 된다. 다시 말해, 주체에 의한 상상이라고 하지만 사실은 상상하도록 된 것이고, 그 상상을 주체에 의한 상상으로 받아들이는 것이다. "AI를 통해 상상해야지"보다 "AI를 보니 이런 상상이 되네"인 것이다. AI로 인해 상상이 되는 것이 마치 인간이 주체적으로 상상을 하는 것으로 여겨지는 것이다. 바로 이 점이 일종의 권력 작용이다. 타인(alter)에게 자신의 에고(ego)가 지속(연속)되도록 하거나 자신의 의도대로 만드는 것이다(한병철, 2016). AI가 타인인 우리에게 상상하도록 하여 자신의 지속을 가능하게 한 것이다. 상상하도록 만드는 것이므로 '상상권력'이고, AI에 의한 것이므로 'AI 상상권력'인 것이다. 이 권력은 눈에 보이지 않는 권력이다.

이처럼 표현상 눈여겨볼 사항과 함께 궁금한 점은 바로 AI에 의해 상상되는 것은 무엇인가라는 점이다. AI가 우리 인간에게 무엇을 상상하게 하는가에 관한 즉, 상상의 내용이다. 이 책은 바로 이 상상의 내용을 각 테마로 삼았다.

AI가 우리의 상상을 이끄는 것에는 '전문성, 편리성, 확장성, 미래성, 위신성, 불확실성, 긍정성, 부정성'이다. 첨단 기술로서 AI는 전문성을 떠올리게 하고, 우리 삶에 편리함을 더하는 것으로 상상하게 한다. 또 인간이 할 수 없는 것을 하게 하거나 할 수 있던 것의 범위를 더 넓힌 확장성을 상상하게 이끌고, 직선적 사고 중 최첨단에 자리 잡고 있어서 미래성을 상상하게 한다. 또 AI는 최신 기술이기 때문에 그것을 알고 있는 것에 대한 위신을 높임으로써 위신성을 떠올리게도 한다. 그리고 AI는 최첨단 기술이면서 동시에 불확실성도 지니고 있어서 불확실성을 상상하게도 한다. AI는 등장부터 긍정과 부정에 대한 논의가 많이 이어지고 있어서 긍정성과 부정성에 대해서도 생각하게 한다.

이러한 상상의 내용은 이 책의 주요 테마 여덟 가지(02장~09장)에 해당한다. 나머지 테마 두 가지는 이 주요 테마 여덟 가지 이해를 위한 사전 지식(AI, 상상, 권력)에 대한 내용(01장)과 향후 변화에 대한 내용(10장)을 담고 있다.

보이지 않는 권력의 지속

미래는 매우 불확실하기 때문에 확실히 예측하기란 매우 어렵다. 그럼에도 한 가지 확실한 예측은 할 수 있다. 미래는 정말 우리가 전혀 생각하지 못한 것이 발생할 수 있다는 것이다. 이것만은 분명한 예측이다. '세상에 이런 일도 일어날 수 있나?'라는 생각이 드는 것도 일어날 수 있는 것이 미래의 세상사다.

AI는 바로 그런 미래에 영향을 주는 주요 요소가 되었다. 앞서 AI는 시대와 사회의 새로운 조류라고 표현했는데, AI에 의한 세상은 분명 우리가 생각하지도 못한 것도 현실이 되게 할 수 있다. 불확실한 미래의 속성을 미리 이해할 수 있게 해 주기라도 하듯이 지금 곳곳에서 볼 수 있는 다양한 신기한 형태의 AI 등장이 이를 보여 준다. 그것을 접하는 우리는 또 보이지 않는 권력인 AI의 상상권력에 의해 상상하게 된다.

AI가 세상을 지배할 것이라는 섬뜩한 경고는 이미 익히 들어 오고 있다. AI에 의존하고 AI가 행하고 AI가 설계한 대로 움직이는 인간이 자신의 지능을 뛰어넘는 AI에 무력해지는 것을 말한다. 실제 그렇게 될지 현실화 여부는 차치하더라도, 이미 인공지능인 AI는 인간 지능인 우리에게 AI에 의한 어떤 상상을 하도록 이끌고 있다. 그렇다면 비록 AI가 세상을 지배할 정도는 아니지만 우리 인간의 아주 작은 영역에서만큼은 이미 AI에 의한 보이지 않는 권력의 영향을 받고 있는 것이 아닐까?

이 책은 AI에 대한 규범적 판단을 하는 것이 목적이 아니다. 다시 말해 보이지 않는 권력인 AI 상상권력에 대해 좋고 나쁨을 말하지 않고, 첨단 기술로 분류되는 AI에 대해 기술적 측면 이외에 사회적 측면, 그중에서도 우리 인간의 상상에 영향을 주는 권력 작용에 대해 설명하고자 한다. 보이지 않는 이 권력 작용은 AI가 존재하고 변용 및 진화되는 등 비교적 오랫동안은 계속될 것으로 보이기 때문에 그에 대한 설명이 필요하다.

참고문헌

한병철(2016). 김남시 옮김. 『권력이란 무엇인가』. 문학과지성사.

Harari, Y. N.(2015). *Sapiens: A brief history of humankind.* Penguin Random House UK. 조현욱 옮김(2023). 『사피엔스』. 김영사.

01
AI, 상상, 권력

AI의 발전은 특정 분야에서만 인간처럼 작동하는 AI가 아닌, 여러 일반적 상황에서 인간처럼 작동하는 AGI로 나아가는 중이다. 상상할 거리가 있다면 그것으로 상상하는 인간에게 현재 수없이 언급되고 있는 AI는 하나의 상상거리다. 그런데 AI는 단지 상상거리에 머물지 않고 우리 인간에게 상상하도록 하는 권력을 행사한다. 특히 우리 인간은 자발성에 의해 AI를 통한 상상을 한다. 자발성에 의해 행사되는 권력이 더 정교하고 강력하다. AI, 상상, 권력은 그렇게 만난다.

AI

AI는 '인간 지능'이 아닌 '인공지능'이다. 자연물로서 인간이 지닌 지능과 구별되는 인공물의 지능이다. 인공적이지만 인간의 지능처럼 작동하려 하고, 동시에 인간 능력 이상의 고도의 문제 해결 능력을 지닐 수 있는 지능이 AI다. 이처럼 인공지능은 인공물에서 시작한다는 점에서 인간 지능과는 출발점이 다르지만, 인간 지능을 향해 가면서 인간 지능과 비슷한 작동 과정을 보이는 점은 인간 지능과 유사하다. 하지만 인간 지능을 넘어서려 한다는 점에서는 인간 지능과는 또 다르다.

AI의 모습이 이렇다. 인공지능이지만 인간 지능인 듯하고, 인간 지능인 듯하지만 인간 지능과는 또 구별되는 듯하다. 인간과 인공 사이를 오고 가는 '인간인 듯한 상태의 지능'이다. AI에 관한 논의가 폭발하는 이유 중 하나가 인공지능의 이런 면 때문이다. 인간과 인공의 영역 모두에서 다루어지므로 논의의 폭이 넓고 발전에 따른 논의도 계속된다.

사실, 그동안 AI에 관한 논의나 관심은 다소 부침(浮沈)이 있었다. AI에 대한 최초의 개념은 1950년에 수학자 앨런 튜링(Alan Turing)에 의해서였다. 그는 "기계도 생각할 수 있을까?(Can machines think?)"라는 질문에서 시작하여 그에 대한 테스트를 위한 방법으로 '튜링 테스트(The Turing Test)'를 고안하였다. 개념에 머물렀던 AI는 이후 1956년에 다트머스 회의(Dartmouth Conference)에서 하나의 용어로 처음 사용되었다. 당시 회의에서는 기계가 인간처럼 학습하고 발전할 수 있는지에 대한 토론이 이루어졌고, 이때 AI라는 용어가 처음 사용되었다. 이를 계기로 AI 관련 연구가 진행되고 그에 대한 기대도 높아졌지만, 당시 상황에서는 컴퓨팅 성능, 논리 체계, 데이터 부족 등의 한계로 인해 AI 연구는 침체기에 들어섰다(김지현, 2024.3.15). 하지만 그 이후에도 관련 연구들은 계속 이어졌다. 그러다 2010년대부터 AI 연구는 급속도로 성장하면서 많은 관심을 받았다. 이는 그래픽 처리 장치(GPU, Graphic Processing Unit)를 비롯한 컴퓨터 시스템의 발전과 데이터(data)의 증가 덕분이었다(김지현, 2024.3.15).

최근까지 이어지고 있는 이러한 AI 연구의 급속한 성장과 높은 관심은 AI와 관련된 여러 논의를 이끌고 있다. AI의 기술적 측면은 물론이고 사회적 영향과 윤리의 문제까지 거의 모든 영역에서 AI는 논의의 핵심에 놓여 있다. 특히 AI에서 AGI로 향해 가면서 더욱 그렇다.

AGI

AGI는 '인공 일반 지능'이라고 불린다. 현재 널리 사용되는 AI라는 용어는 주로 특정 목적의 인공지능(Narrow AI)을 말한다. 여기서 원어로 'Narrow'라는 수식어가 붙어 있는 이유도 특정 목적만을 수행하기 때문이다. 주어진 특정 분야나 한정된 작업에 대해 인간 수준 혹은 그 이상의 성능을 보여 주는 인공지능이라는 의미다. 인간에게는 어렵고 힘든 일인 대용량의 데이터 처리 및 분석이나, 반복적이고 복잡한 수학적 연산 등을 컴퓨터에 맡겨 에러가 적은 우수한 인공지능을 지향한다(임재완, 2024.4.17).

AGI는 이와 다소 다르다. Artificial General Intelligence에서 수식어 'General'이 그 뜻을 보여 준다. 인간을 향해 달려가는 AGI는 특정 목적에 초점을 두는 것이 아니라, 인간의 일반 지능과 유사하게 하는 데 초점을 두고 있다. 2016년도에 이세돌 9단과 대결했던 알파고(AlphaGo)를 예로 들면, 알파고는 구글의 인공지능 개발 자회사인 구글 딥마인드(Google DeepMind)가 개발한 인공지능 프로그램으로 바둑을 두는 데 특출할 뿐이지 그 외 다른 일에서는 특출하지 못하다. 물론 바둑처럼 특정한 일에 한정된 뛰어난 AI의 개발도 결코 쉽지 않고 대단한 일이다. 이를 위해 무수한 노력이 필요하다. 하지만 그 특정한, 혹은 특출한 역량은 바로 거기까지다. 인간의 모습을 지향하는 AI는 인간처럼 여러 가지 일을 하는 AI일 것이다. 말 그대로 일반적 지능을 지니고 있는 AI다. 그래서 특정 분야나 한정된 기능 내에서 뛰어난 성과를 보이는 것은 AI고, 정말 인간처럼 여러 일반적 상황에 부합되도록 개발하는 것이 AGI다. 인간의 지능이 할 수 있는 다른 것은 전혀 혹은 잘하지 못하고 오직 '바둑만' 잘 두는 것이 AI라면, 인간으로서 행하는 다른 모든 보통의 일도 하면서 '바둑도' 잘 두는 것이 AGI인 것이다.

AI 개발도 어렵지만 AGI 개발이 더 어려운 이유가 바로 그 때문이다. 보통의 인간 행동을 구현하는 것이 결코 쉽지 않다. AI와 관련된 논의가 많고 계속 이어지는 것도 AGI의 개념이 존재하기 때문이다. 조금의 시간이 흐르면 AI는 곧 AGI를 의미하게 될 것이다.

상상

'상상(想像)'의 의미는 어원을 보면 쉽게 이해할 수 있다. 생각할 '상(想)'과 모양 '상(像)' 자로 이루어진 이 단어는 모양을 생각한다는 의미인데, 이때 모양은 코끼리의 모습을 말한다. 모양 '상' 자를 보면 사람인(亻) 변에 코끼리 상(象) 자로 결합되어 있음을 알 수 있다. 코끼리의 모습을 상상하는 데서 비롯된 이 '상상' 단어의 어원에 관한 이야기는 이렇다.

고대 중국의 황허 유역의 허난 지방에는 코끼리가 많이 서식했다고 한다. 그런데 기후 변화와 코끼리 남획 등의 영향으로 코끼리가 남쪽으로 이동하게 되면서 먼 훗날 허난 지방의 사람들은 실제 코끼리를 볼 수 없게 되었다. 대신 코끼리가 많았던 시절에 죽어서 남아 있던 코끼리 뼈로 코끼리를 생각하게 되었다. 코끼리를 한 번도 본 적이 없으니 뼈를 보면서 생각하게 된 것이다. 이처럼 코끼리의 뼈를 통해 코끼리의 모습과 크기를 생각한다는 데서 유래된 말이 상상이다.

실제로 『한비자(韓非子)』의 '해로(解老)' 편에는, "사람들이 산 코끼리를 보기 힘들게 되자 죽은 코끼리의 뼈를 구해, 그림을 그려 산 모습을 떠올려 보곤 했다. 그래서 여러 사람이 뜻으로 생각하는 것을 모두 '상(象)'이라 말한다"라는 말이 나온다. 이 말이 견골상상(見骨想象)이다(조선일보, 2011.6.9). 그래서 사실 처음에는 코끼리를 미루어 짐작해 보는 것으로 상상을 '想象'으로 표현하였으나 나중에는 무엇이라도 마음속으로 그려 보는 활동은 모두 '想像'이라고 하게 되었다. 글자도 '象'보다 더 많은 것을 내포하는 '像(모양 상)'으로 바꾸어 쓰게 되었고, 象과 像을 크게 분별하지 않고 사용하면서 현재는 '想像'과 '想象'을 통용하고 있다(이투데이, 2019.2.26). 경험하지 못한 것을 마음속으로 그리며 생각하는 뜻으로 사용되는 이러한 상상의 어원은 코끼리에서 시작되었지만, 이제는 비단 코끼리가 아니더라도 무엇이든 상상할 거리가 있다면 그것에 미루어 짐작하는 생각을 의미하는 것이 되었다.

지금 시대에 수없이 언급되는 AI가 바로 그 상상의 거리(something)가 되어 있다. 정확히 AI가 뭔지는 몰라도 많이 듣고 활자의 형태로 많이 보고, 또 때로는 'AI○○'이라는 용어로 만들어져 사용되고 있는 것을 경험하면서 생각하게 되었다. 이미 2021년에 3500명을 대상으로 실시한 인식 조사 결과에 따르면, 국민 대부분(99.3%)이 인공지능에 대해 인지하고 있었고, 관심도 높으며(59.8%), 인공지능에 대한 이미지로 '로봇', '알파고', '자율 주행차', '인공지능 스피커', '편리성', '빅데이터' 등을 떠올린다고 하였다(브레인미디어, 2021.9.3). 우리 주변에서 AI는 마치 코끼리 뼈와 같이 정확히는 아니더라도 익히 들어서 어느 정도 알고는 있고 또 관련된 거리를 통해 나름의 이미지를 그리고 있으면서 상상하고 있는 것이다.

특히 이런 상상은 언어로 표현될수록 더 강화된다. 언어와 이미지, 그리고 이미지에 의한 상상은 함께하는 경우가 많기 때문이다. 언어로 표현되는 대상이 어떤 사물이건 행위이건 마찬가지다(김민주, 2023, pp.25-28). 언어에 의한 개념 설정은 그에 따른 사고를 유도하며 개념에 부합되는 상상, 또는 그 반대의 상상, 또는 심지어 해당되는 대상과 관련성이 적은 상상까지도 불러일으킨다. 특히 언어가 사회적으로 상황 지어진 문화 형태라면 그로부터 함께 그려지는 상상은 더 수월하다(Hymes, 1962). 상황 지어진 즉, 만들어진 것은 만든 의도대로 상상하도록 하기 때문이다. 지금 우리 사회에서 AI를 일컫는 말은 'AI 시대'라는 조어가 말해 주듯이 이미 상상을 불러일으키는 기제가 되어 있다. AI 시대라는 '말'과 함께 AI로 인해 기존과는 다른 '경험'을 하고 있거나 앞으로 할 것이라는 여러 전망은 특히 더 우리의 상상을 자극한다.

권력

권력은 정치 영역에만 존재하는 것이 아니다. 우리 생활

전반에서 항상 작동하고 있는 것이 권력이다. 이는 권력의 의미를 보면 쉽게 이해할 수 있다.

권력이란, "A와 B 사이에서 A가 시키지 않았더라면 B가 하지 않았을 행동을 A가 시켰기 때문에 B가 그에 따랐다면 이때 A가 갖는 것(A의 성공적인 시도)"(Dahl, 1957, pp.202-203), "A에 의해 B에게 가해지는 모든 형태의 성공적인 통제로서 A가 B의 순응을 확보해 내는 모든 행위"(Bachrach & Baratz, 1970, pp.43-45), "다른 사람들의 반대를 거슬러서라도 자신의 의지를 실현시킬 수 있는 가능성"(Weber, 1948, p.180) 등을 의미한다. 정도의 차이가 있는 정의들이지만, 대체로 '어느 한 행위의 주체가 자신의 의지나 의도를 관철하기 위해 상대방에게 행하는(상대방을 작동하는) 성공적인 통제력'을 의미한다.

이러한 권력의 정의는 우리가 흔히 관념적으로 지닌 권력의 이미지에 많이 부합한다. 주로 부정적인 이미지와 많이 연계되는데, 그 이유는 권력 행사에 동원되는 억압, 강요, 폭력, 저항, 제한, 압력, 구속, 무력, 속박, 강제 때문이다. 우리나라의 경우 식민 지배의 경험이 이런 연계성을 더 강화했다(김민주, 2021, p.130). 하지만 사실 여기까지의 권력의 정의는 표면적이고 반쪽짜리인 정의에 불과하다.

기존의 권력의 의미를 자세히 보면 권력 행위 주체 반대편의 '상대방'에 해당하는 이의 비자발성이 전제되어 있는데, 사실은 꼭 그렇지만은 않다. 쉽게 말해, 내가 권력 행사자라고 할 때, 상대방에게 내가 원하는 어떤 행동을 강제로(비자발적으로) 하도록 하는 것이 아니라 상대방이 알아서 스스로 내가 원하는 행동을 하기도 한다는 점이다. 굳이 시키지 않아도 상대방이 그의 자발성에 따라 내가 원하는 행동에 따르게 하는 것이다.

이 말을 다시 잘 살펴보면, 권력 행사자의 반대편에 있는 상대방의 자발성에 기인한 권력 행위의 작동이지만, 사실은 자발적으로 권력 행사자의 의도에 맞게 움직이도록 한 결과라는 점을 알 수 있다. 겉으로는 자발적인 것으로 보여서 강제 등의 모습이 없는 듯하지만, 그 이면에는 자발적으로 하도록 하는 뭔가가 있다는 말이다.

그래서 이는 어쩌면 가장 세련된 방식의 권력 행사의 모습일 수 있다. 상대방은 스스로 자신이 좋아서 즉, 자발적으로 한다고 여기기 때문에 이것이야말로 권력을 행사하는 입장에서는 훨씬 수월하게 권력을 행사하는 것이 된다. 강제력을 동원해서 윽박지르거나 화낼 필요가 전혀 없다. 스스로 알아서 상대방이 해 주기 때문이다. 이러한 경우 심지어 상대방은 스스로 원해서 그렇게 하고 있다고 여기기도 한다(김민주, 2021, pp.137-138). 이처럼 권력은 상대방의 비자발성뿐 아니라 자발성에 의해서도 권력 행사자의 의도가 구현되는 것이다.

권력 행사자와 상대방의 구도는 다양하게 설정될 수 있다. AI는 권력 행사자가 되고 우리 인간은 상대방이 될 수 있다. AI는 우리 인간에게 상상하도록 하는 권력을 행사한다. 강제적으로 상상하게 하는 면도 있지만, 그보다 우리 인간은 스스로 자발성에 의해 상상한다. AI, 상상, 권력은 그렇게 만난다.

참고문헌

김민주(2021). 『자치와 보이지 않는 권력』. 박영사.

김민주(2023). 『관료의 언어와 이미지 생산』. 박영사.

김지현(2024.3.15). [All Around AI 1편] AI의 시작과 발전 과정. 미래 전망. SK하이닉스 뉴스룸.
https://news.skhynix.co.kr/post/all-around-ai-1

브레인미디어(2021.9.3). 4차산업혁명위원회, '2021년도 인공지능 이용 인식조사' 발표.
https://www.brainmedia.co.kr/MediaContent/MediaContentView.aspx?contIdx=21924

이투데이(2019.2.26). [알쏭語 달쏭思] 코끼리와 상상(想像).
https://www.etoday.co.kr/news/view/1726737

임재완(2024.4.17). 인공 일반 지능(AGI)이란? 개념, 적용 기술,

그리고 인간 삶에 미칠 영향. SAMSUNG SDS. https://www.samsungsds.com/kr/insights/artificial_general_intelligence_20240417.html

조선일보(2011.6.9). [정민의 세설신어] [109] 견골상상(見骨想象). https://www.chosun.com/site/data/html_dir/2011/06/09/2011060902530.html

Bachrach, P. & Baratz M. S.(1970). *Power and poverty: Theory and practice*, Oxford University Press.

Dahl, R. A.(1957). The concept of power, *Behavioral science*, 2(3), pp.201-215.

Hymes, D.(1962). The ethnography of speaking, In T. Gladwin and W. Sturtevant(eds). *Anthropology and human behavior*. Washington, DC: Anthropological Society of Washington.

Weber, M.(1948). *From max weber: Essays in sociology*. London: Routledge.

02
AI와 전문성의 상상권력

전문성은 특정 분야에서 남들보다 우위를 지닌 능력을 말한다. 전문성을 지닌 전문가는 소수성, 공식성, 지속성 등의 특징을 지니고 있다. 그래서 전문성은 권력의 원천이 된다. AI는 높은 전문성을 요구하는 분야다. AI에 대한 이해, 활용, 구현, 접근 등을 위해서는 전문 지식이 필요하다. 그 결과 AI는 직접적인 변화를 야기하는 권력 작용을 하면서, 동시에 AI에 대해 듣고 말하고 보고 생각할 때마다 전문성과 연계하여 상상하도록 만든다.

전문성을 지닌 전문가

전문성은 특정 분야에서 남들보다 우위를 지닌 능력을 말한다. 그 능력을 지닌 자를 전문가라고 말하고, 그들을 하나의 집단으로 표현할 때는 전문가 집단이라고 한다. 전문성을 지닌 전문가는 소수성, 공식성, 지속성 등의 특징을 지니고 있다.

우선, 소수성의 경우 우리 사회에서 전문성을 지닌 전문가는 대중과 비교할 때 소수임을 의미한다. 개별 사람을 지칭하거나 집단으로 지칭하거나 상관없이 사회 내에서 이들의 수는 많지 않다는 점이 전문성을 지닌 전문가의 특징인 것이다. 그래서 '남들보다' 우위에 있다는 말에서 '남들'은 곧 대중을 말하는 것이다. 특정 분야에 뛰어난 능력을 지닌 사람을 전문가라고 말할 때, 그 말속에는 이미 대중을 배경으로 하는, 즉 소위 말하는 소수의 능력자라는 의미가 전제되어 있다. 모두가 뛰어날 수 없는 것이 사실이고, 또 설사 모두가 뛰어나다고 하면 굳이 그 능력이 뛰어나다고 따로 부르지 않는다. 그렇다면 전문성이라 부를 필요도 없을 것이다. 따라서 전문성을 지닌 전문가는 상대적으로 우리 사회에서 소수다. 소수의 정도가 적으면 적을수록 전문성을 지닌 전문가로서의 위상은 더 높아진다.

그리고 전문성의 경우 공식화된 증명에 의해 그 전문성이 인정되는 것이 원칙이다. 전문성이 공식적으로 인정되어야 전문가로 불린다. 대중은 특정한 분야에서 남들보다 우위를 지닌 이가 공식적으로 증명되었기에 그들을 전문가로 여기는 것이다. 특정 분야에서 남들보다 뛰어난 자격증이나 권위 있는 기관의 능력 인정 보증서(예, 학위, 등급 결과 등) 등이 증명의 역할을 한다. 공식적인 증명 없이 스스로 어떤 분야에서 전문가라고 주장해도 많은 사람이 말하는 전문가가 될 수는 없다. 물론 때로는 비공식적으로 여러 사람으로부터 전문가로 불리는 경우도 있다. 공식화된 증명을 위한 근거가 없다고 해도 오랫동안 특정 분야에서 특출난 능력을 보이는 사람이 있기도 하다. 하지만 이 경우 반드시 다수가 그렇게 생각하지 않을 수도 있다. 객관화된 증거가 없기 때문인데, 아무리 특출한 능력을 지닌 이가 있어도 그를 바라보는 여러 사람의 의견은 분분할 수 있다. 누군가는 전문가가 아니라고 말하기도 한다. 따라서 많은 사람으로부터 전문가라고 하는 공통된 인식을 지니도록 하는 것이 필요하며 그것이 공식화된 증명 관련 서류다.

전문가의 전문성은 지속성을 지닌다. 어느 순간 남들보다 더 우위에 있는 능력이 생겼다가 갑자기 어느 순간에 사라지는 것이 아니다. 전문가로서 전문성을 확보하기까지는 비교적 긴 시간이 필요한 만큼 그렇게 축적된 능력이 갑자기 사라지지는 않는다. 때로는 시간과 비례하며 전문성이 더 깊어지기도 한다. 물론 반비례하여 퇴색하는 경우도 있지만, 정도의 문제일 뿐 어떤 경우가 되든 전문가의 전문성은 지속성을 지니고 있다.

따라서 전문성을 지닌 전문가는 어떤 특정 분야에서 다수보다 우위에 있는 능력을 공식적으로 인정받아 지속적으로 그 능력을 발휘할 수 있는 사람이다. 여기에 해당하지 않는 사람들은 전문성을 지닌 전문가로 불리지 않는다. 단적으로, 특정 분야에서 아주 뛰어난 실력을 보유한 사람일지라도 그가 공식적으로 인정받지 못한 상황이라면 사회적으로 그를 전문가로 대우하지 않는다. 비공식의 영역에서는 능력자겠지만 공식적인 전문가는 아니다. 사회에서 인정받고 사람들로부터 인식되는 전문가는 제도권(공식성) 아래에 놓여 있는 이들이다. 전문성을 지닌 전문가에 대한 우리의 관념적 공감대는 사회의 특정 분야에서 다른 사람보다 더 우위에 있는 자신의 능력을 공식적으로 인정받아 지속적으로 능력 발휘를 할 수 있는 여건에 놓여 있는 이들에 해당한다. 우리는 그런 모습으로 전문성을 지닌 전문가를 생각한다. 그런 생각의 옳고 그름을 떠나 사회적으로 구성된 관념(socially constructed meaning)이 그와 같다.

권력의 원천으로서 전문성

전문성은 전문가의 조건이자 전문가가 권력을 지닐 수 있게 해 주는 원천이다. 우리 사회에서 소수성, 공식성, 지속성을 특성으로 하는 전문성을 보유한 전문가는 그렇게 많지 않고, 그래서 이들의 영향력이 적지 않다. 만일 A라는 사람이 어떤 분야에서 그 누구도 따라올 수 없는 전문성(소수성, 공식성, 지속성을 갖춘 전문성)을 지니고 있다면, 그 분야에서 A는 가장 영향력이 큰 사람이 된다. 심할 경우, 즉 A를 비롯한 소수의 사람 이외에 누구도 그 분야에 대해 잘 알지 못한다면 A의 말과 의견은 곧 법이자 하나의 규범이 될 수도 있다. 그래서 소수의 사람이 공식적으로 인정받아 지속적인 능력 발휘를 해 나가는 전문가의 전문성이 권력의 원천이 되는 것이다.

권력의 원천은 그 원천의 종류에 따라 권력의 종류로도 나눌 수 있다. 그래서 전문성으로부터 비롯되는 전문가의 권력을 전문적 권력(expert power)이라고 부르기도 한다. 물론 권력의 원천에는 전문성 이외에도 여러 가지가 존재하기 때문에 그 각각 역시 권력의 종류로 표현된다. 전문적 권력 이외에 보상적 권력(reward power), 강압적 권력(coercive power), 합법적 권력(legitimate power), 준거적 권력(reference power)이 그에 해당한다(French & Raven, 1959, pp.150-167). 한 사람이 여러 권력을 동시에 지닐 수 있지만 전문성을 지닌 전문가에게 존재하는 권력은 전문적 권력이 가장 대표적이다.

이러한 전문적 권력의 작동은 전문성을 매개로 권력 행사자가 권력 대상자에게 권력을 행사하는 모습으로 이루어진다. 만일 반복적으로 이와 같은 권력 작동이 이루어지면, 단순히 이러한 권력 작용 이외에도 추가된 권력 작용이 점점 뚜렷하게 나타난다. 그것은 권력 대상자가 권력 행사자의 권력 작동에 참여하지 않고 있는 상황에서도, 권력 행사자는 권력 대상자에 대하여 권력자로서의 이미지를 지니게 된다는 점이다. 다시 말해, 권력 행사자가 보유하고 있는 권력의 원천이 권력 행사자에 대한 각종 이미지와 연계되어 나타난다. 전문적 권력에 비추어 보면, 전문가의 전문성에 의해 발생되는 전문적 권력 행사는 권력 대상자가 전문가를 떠올릴 때 그에 대한 인상이나 이미지에 항상 전문성의 이미지 등이 투영되도록 하는 것이다. 예컨대, 교육 전문가의 조언과 의견에 잘 따르는 이들은 교육 전문가의 전문성에 기초한 조언(행위)에 순응하는 것을 넘어, 교육 전문가는 언제나 교육 분야의 전문성을 드러내거나 보유하는 이로 각인된다. 교육 전문가의 교육 전문성을 경험하면 할수록 해당 전문가는 곧 전문성으로 연계된 생각으로 떠올려진다. 이는 권력 작동에 해당한다. 전문가가 전문성으로 상대방에게 영향력을 행사하려는 의도나, 상대방이 전문가의 전문성에 스스로 순응하며 따르거나, 전문가를 떠올릴 때 전문성과 연계해서 떠올리게 만드는 것은 바로 권력 행사의 결과다. 타인의 직접적인 규율에 의한 것이 아닌 자발적 순응이 더 강력한 권력 행사다. 비단 행동이 아닌 생각을 그렇게 하도록 하는 것도 마찬가지다. 전문성이 권력의 원천이 되는 것은 이런 것들을 모두 포괄한다.

AI와 전문성의 상상

인간 지능이 아닌 인공지능인 AI에게는 인공을 위한 전문성이 필수적이다. 인공은 인간이 만드는 것으로, 만들 때 인공적으로 기능을 구현할 수 있는 전문성이 필요하다. 특히 더욱더 인간의 지능처럼 만들기 위한 고도의 전문 지식이 필요하다. 그래서 AI는 우리 인식 속에 전문성을 동반하게 한다. AI를 떠올릴 때 전문성을 함께 떠올리라고 강제한 적은 없다. 그럼에도 우리는 그렇게 떠올린다. AI는 여타 분야와 다른 높은 전문성을 요구하며, 그렇기 때문에 우리는 AI를 전문성과 관련지어 생각한다.

실제로 서울대 AI 연구원에서 전국 성인 약 1000명을 대상으로 실시한 '2021 인공지능 관련 대국민 인식 조사'에 따르면, 사람들이 생각하는 AI의 정의는 '인간을 대신하며, 대체한다', ' 인간처럼 생각하고 사고한다', '편리한 기술이다', '사람이 가진 지적 능력을 인공적으로 구현한 것이다', '기계 학습(머신 러닝)이다', '기계가 스스로 판단하고 결정하는 것이다', '로봇이다', '알파고, 시리, 기가지니, 빅스비 등에 상용화된 서비스로 알고 있다', '자동화된 것이다', '빅데이터를 활용하는 것이다' 등으로 인식하고 있었다(AI타임스, 2021.12.15). 인간을 대신 및 대체하고 기계 스스로 학습과 판단을 하고, 빅데이터 활용을 하는 것 등은 전문 지식이 없이는 구현되기 어려운 것들이다. 즉, AI는 전문 지식이 없으면 구현될 수 없는 것이다. 이는 AI가 손쉽게 구현되기 힘든 기술에 의한 것임을 인식하고 있음을 말해 준다.

여기에 더해 AI에 대한 이해 자체를 위해서도 전문 지식이 필요하다. AI를 통해 인공의 지능을 구현하는 것뿐 아니라, 구현된 것을 이해하는 것과 AI 자체에 접근하기 위한 이해도 마찬가지다.

AI는 우리 사회에서 대중적 이슈지만 AI 전문가는 따로 있고, AI 자체를 이해하기 위해서는 별도의 AI 교육을 받아야 하고, AI를 기존의 각 분야에 활용하기 위해서도 다방면의 기술 혁신을 위한 전문 지식이 필요하다.

따라서 AI는 우리 인간에게 AI로 인해 직접적인 변화를 야기하는 권력 작용(예, 기존 일자리 · 기술 · 절차 변화, 타율적 학습 및 교육 등)을 하면서, 동시에 AI에 대해 듣고 말하고 보고 생각할 때마다 전문성과 연계해서 상상하도록 만든다. 시작은 AI와 전문성의 연계성을 보여주고 강조하는 환경에 노출되면서부터였지만 이제는 우리 스스로가 자발적으로 혹은 거의 무의식적으로 그렇게 상상한다. 표면적으로는 스스로 상상하는 것이지만, 그렇게 스스로 상상하도록 만들어진 결과다. 가장 정교한 권력 작용은 사실 스스로 원해서 자발적으로 하는 것이 아님에도 스스로 원해서 하는 것이라고 여기며 불만과 의심 없이 계속 그렇게 해 나가는 것이다(김민주, 2021). AI를 떠올리며 자연스럽게 전문성을 상상하는 찰나의 그 순간에, 그것이 바로 AI가 우리에게 전문성을 상상하도록 하는 권력이 작동된 것이다.

참고문헌

김민주(2021). 『자치와 보이지 않는 권력』. 박영사.

AI타임스(2021.12.15). 국민 46.2%가 AI에 대해 '거의 알고 있는 지식이 없다'고 응답해...서울대 최근 조사결과. https://www.aitimes.com/news/articleView.html?idxno=141967

French, J. R. & Raven B.(1959). The base of social power. In Darwin Cartwright(ed.). Studies in social power. Ann Arbor, Mich: University of Michigan Press.

03
AI와 편리성의 상상권력

인간은 편해지고 싶은 마음을 지니며 살아간다. 편리함에 대한 추구는 인간의 기본 욕구일 수도 있다. 그래서 그동안 인간은 여러 가지 방식으로 그 편리함을 추구해 왔고, 그에 기술의 적용이 크게 기여했다. AI의 등장은 '기술에 의한 편리함'이라는 말 대신 'AI에 의한 편리함'으로 대체될 정도의 위력을 지니고 있다. AI가 주는 강력한 장점인 인간의 편리성 향상은 우리가 AI를 말하거나 인식할 때 편리성을 상상하도록 만든다.

편해지고 싶은 인간의 마음

인간은 편해지고 싶어 한다. 의도적으로 불편함을 꺼리기도 하지만 그와는 별도로 가급적이면 편한 것을 더 추구하는 것이 인간의 마음이다. 물론 스스로 불편함을 감수하는 이가 없지는 않다. 그렇지만 대부분은 편한 것을 더 좋아한다. 사실, 불편함을 감수하는 이도 이미 편한 것을 수용하고 있는 경우가 많다. 아주 사소하게 보면, 우리는 편하게 걷기 위해 신발을 신는다. 그것도 내 발에 잘 맞는 조금 더 '편한' 신발을 골라서 신는다. 우리가 먹는 음식도 그렇다. 완전히 날것의 곡식과 원육을 그대로 먹는 것이 아니라, 먹기 편하게 도정된 곡식과 잘 다듬어진 고기를 사서 먹는다. 조금 더 편하게 말하기 위해 마이크를 사용하고, 편한 이동을 위해 직접 걷기보다는 이런저런 교통수단을 이용한다. 그렇게 본다면 문명 발달과 더불어 진화해 온 인간은 편해지고 싶은 마음을 오래전부터 지녀오면서 실현시켜 온 것이다. 어쩌면 편해지고 싶은 마음은 인간의 기본 욕구 중 하나일지도 모른다.

최근에는 편리함과 프리미엄을 조합하여 '편리미엄'이라고 부르는 신조어도 생겼다. 프리미엄(premium)이란 원래의 가격에 추가된 금액의 뜻으로, 주로 가치 상승에 따라 추가된 어떤 결과를 지칭할 때 사용한다. 예컨대 원래 아파트 가격에 프리미엄을 더해서 샀다고 하면, 해당 아파트의 가치가 높아져 비싸게 주고 샀다는 말이다. 편리함과 프리미엄이 합쳐진 편리미엄은 편리함이 가치 상승의 원인이 된 것을 말한다. 편리함이 곧 프리미엄이 되어 그만큼 가격이 높아졌다는 말이다. 편리함을 추구하는 인간의 마음이 가격 추가를 통한 실현성을 높인 현상을 말한다. 이 신조어의 유용성이나 통용성 여부를 떠나, 이를 통해 인간은 편리함을 추구하기 때문에 시장 경제 사회에서 돈(대가)을 통해 그 편리함을 보다 더 확실히 추구한다는 것을 알 수 있다. 더 비싸더라도 편하기 때문에 추가된 비용을 감수한다는 것은 편리함을 추구하는 인간의 마음을 잘 보여 준다.

편리함을 위한 기술

인간의 편리함 추구는 각종 비용 및 대가 지불에 의해 가능하지만, 그에 선행하는 것이 있다. 그것은 편리하게 하는 기술의 개발 및 적용이다. 다시 말해, 이전보다 혹은 비교되는 어떤 대상보다 더 편리하다고 할 때 그 편리함은 일종의 기술로 가능하다. 여기서 말하는 기술은 기계적 기술 이외에 사회적 기술까지 포함한다. 예를 들면, 배달은 인간의 편리함 추구의 가장 일상적인 모습인데,

그것이 가능하기 위해서는 배달을 할 수 있는 이동 장치와 더불어 배달하는 사람의 배달 요령과 노하우, 그리고 관련 제도 등도 필요하다. 조금 더 빨리 배달할 수 있게 하는 각종 장치는 흔히 말하는 기계적 기술이고, 배달하는 사람의 능숙함과 노련함은 사회적 기술이다. 발명, 발전, 개선 등에 따른 이러한 기술력 향상은 인간이 편리해지는 데 선행된다.

먼 고대의 도구 발명과 사용에서부터 산업 혁명을 거치며 컴퓨터와 인터넷까지 인간이 편리해지는 데 기여한 기술은 셀 수 없이 많다. 인간 행위에 제약을 가하면서도 동시에 행위의 가능성을 높여 주기도 하는 사회적 기술로서 제도적 장치까지 포함하면 더욱 그렇다.

그런데 최근에는 과거의 그런 다양한 기술에 이어 현재의 기술을 모두 망라할 정도로 인간에게 편리함을 안겨줄 기술로 손꼽히는 것이 등장했다. AI가 그에 해당한다. AI가 유용하게 사용될 분야로 언급되는 것들은 거의 대부분 AI가 인간의 편리함을 더 높일 것이라는 기대로 언급되는 것들과 비슷하다. 실제로 2021년에 성인 1000명을 대상으로 진행된 한 여론 조사 전문기관의 설문 조사에 따르면, 인공지능 기술 발전으로 가장 기대되는 점으로 생활의 편리성 및 삶의 질 증대라는 응답이 65%로 나타났다. 이 조사기관의 전년도 조사에서도 여기에 대한 응답이 가장 높게 나타났다고 한다(한국리서치, 2021). 2023년에 과학기술정보통신부가 발표한 '2022년 인터넷 이용 실태 조사' 결과에서도 AI 서비스는 '일상생활을 편리하게 해 준다'(72.6%)에 높은 응답을 보였고, '내 업무나 학습을 효율적으로 만들어 준다'(58.8%)고 응답하는 비율도 높았다(한국경제, 2023.3.31). 모두 인간의 편리함에 관한 응답들이다.

그동안 인간을 위한 설계(design for human) 차원에서 발전해 온 인체 공학 혹은 인간 공학(ergonomics) 덕분에 '기술에 의한 인간의 편리함'이라는 말에 익숙해져 있지만, AI는 그것을 넘어선다. '인간을 위한 기술'은 물론이고 '기술에 의한 인간', 그리고 그 '기술에 의한 인간'이 제공해 주는 인간의 편리함을 낳게 하는 고도의 기술이 AI인 것이다. 더 중요한 것은, 그전에는 '기술'로 표현되었지만, AI는 'AI'로 표현된다는 점이다. 인간을 편리하게 해 주는 '기술'이라는 말보다는 인간을 편리하게 해 주는 'AI'로 언급되는 것이다. 따라서 편리함을 추구하는 인간은 그동안 기술을 통해 그 편리함을 추구해 왔고, 이제는 그 기술의 수준이 더 높은 AI가 인간의 편리함을 제공하는 시대가 된 것이다.

AI와 편리함의 상상

편리함을 추구하는 인간, 그 편리함은 기술로 구현되고, 그 이전과는 비교되지 않는 수준의 기술인 AI로 인간의 편리함이 추구되는 시대가 되었다. 그래서 일단 AI가 거론되면 편리하겠다는 생각이 동반된다. 이는 우리가 직접 체감하는 일상생활이나, 전반적인 사회적 분위기, 그리고 실증 분석 등에서 확인할 수 있다.

우선 일상생활로 좁혀 보면, 다양한 분야에서 AI가 주는 편리함을 체감하고 있다. 미국의 IT 전문지 ≪아이티프로포털(ITProPortal)≫에 소개된 대표적인 몇몇 사례를 보면, 자율 주행 차량, 스마트 디지털 도우미, 표절 적발, 콘텐츠 추천 기능, 신용 사기 방지, 얼굴 인식 분야 등에서 AI는 우리 생활에 많은 편리함을 제공하고 있다(AI 타임스, 2024.4.16). 이런 상황에서 AI 등장에 따라 우리 생활 속에서 많이 회자되는 말 중 하나가 일자리가 줄어든다는 우려인데, 다른 한편으로 보면 이는 곧 인간의 편리함 증대를 말하는 것일지도 모른다. 표면적으로는 일자리가 줄어드는 것이지만 그 일자리는 인간이 해야 할 일을 대체하는 것일 수 있다. 그렇다면 그로부터 일자리를 잃는 이의 고통은 매우 크겠지만 한편으로는 인간이 하기 싫은 일이나 어려운 일을 대신해 주어서 조금 더 우리 인간을 편하게 하는 것일 수 있다. 이 말은 흔히 '스마트'와 함께 쓰이는 경우가 많은데(예, 스마트 쓰레기통, 스마트 열쇠, 스마트 비서 등), 이 경우 거의 대부분 AI에 의한 편리함 제공과 관련된다.

다음으로, AI에 대한 사회적 분위기에 따른 대중의 편리성 인식은 대중의 인식에 많은 영향을 주고 또 영향을 받는 언론 기사를 분석해 보면 어느 정도 알 수 있다. 우리나라에서 발행되는 거의 모든 언론사의 기사들을 모아 놓고 있는 빅카인즈(BIG KINDS)를 통해 2000년 1월 1일부터 2024년 8월 2일 현재까지 'AI 편리'라는 키워드를 지닌 기사를 찾아보면 해당 기사가 총 11만 2278건으로 나타난다(검색일: 2024년 8월 2일). 만일 '인공지능 편리'나 'AI 쉬운' 등 관련 키워드까지 모두 고려한다면 기사 건수는 더 늘어날 것이다. 이 기사들의 경우 모두 AI가 인간에게 직접적이거나 간접적으로 편리성을 제공해 준다는 내용을 담고 있다. 미디어는 우리 인간의 인식에 영향을 미치는 일종의 프레임이기 때문에(Lakoff, 2018), 이는 AI로 인한 편리함이 우리 인식에 미치고 있는 현상을 보여 준다.

실증 분석의 경우는 노동 현장에서 인간의 편리함과 관련된 효과를 측정한 사례를 들 수 있다. 예를 들면 AI

에 따른 작업의 자동화나 시간 절약이나 개인 맞춤 작업 환경 제공 등이 실제 경제적 효과에도 영향을 주는지를 측정하는 것이다. AI가 제공하는 작업 수행의 편리함이나 수월함이 경제적 효과에도 영향을 미친다면 AI에 의한 편리함의 가치는 더 강조될 것이다. 실증 분석에 따르면, AI는 국내 총생산(GDP, Gross Domestic Product)의 상승효과로 이어지는 생산성과 제품의 향상 등에 영향을 주며, 이는 AI의 도입이 늘어날수록 그러한 경제적 효과의 정도도 더 커질 것으로 예측되었다(PricewaterhouseCoopers, 2018). 따라서 경제적 효과와 직결되는 부분에서 AI가 주는 편리한 환경이 단순한 직관에 의한 예상이 아니라 실제로 그렇게 나타나고 있는 점은 우리에게 AI와 편리성의 관련성을 인식하는 정도를 높여 준다. 나아가 AI가 기술 혁신에 유의미한 영향을 미친다는 점에 비추어 본다면(Liu et al., 2020), 기술에 의한 인간의 편리성도 더 높아질 가능성이 있다. 그렇다면 AI가 편리함을 더해 가는 정도에 따라 AI에 의한 편리성의 상상도 더해질 것이다.

참고문헌

빅카인즈 www.bigkinds.or.kr

한국경제(2023.3.31). 국민 10명 중 4명은 AI 서비스 쓴다…"일상 생활 편리하게 해줘". https://www.hankyung.com/it/article/202303318015i

한국리서치(2021.5.6). [기획] 인공지능(AI)이 우리 사회에 미치는 영향과 직업별 역할 수행. 여론속의 여론. https://hrcopinion.co.kr/archives/18228

AI타임스(2024.4.16). 일상 생활 속의 AI, 12가지 사례. https://www.aitimes.com/news/articleView.html?idxno=144027

Lakoff, G.(2014). *Don't think of an elephant! : Know your values and frame the debate*. Chelsea Green Publishing. 유나영 옮김(2018). 『코끼리는 생각하지 마』. 와이즈베리.

Liu, J., et al.(2020). Influence of artificial intelligence on technological innovation: Evidence from the panel data of China's manufacturing sectors. *Technological forecasting & social change*, 158, pp.1-11.

PricewaterhouseCoopers(2018). *The macroeconomic impacts of artificial intelligence*, February 2018.

04
AI와 확장성의 상상권력

인간의 확장은 인간이 할 수 있는 것의 한계 범위를 늘리는 것을 말한다. 그 역할을 하는 것을 통틀어서 미디어라고 한다. 인간 확장의 중간 매개 역할을 하는 미디어는 전화, 텔레비전, 옷, 집, 자동차, 인터넷, 언어 등으로 무수히 많고 계속 발전하고 있다. 그래서 인간의 확장도 계속되고 있다. 첨단 기술 AI도 인간의 확장에 기여한다. 특히 AI는 그 어느 때보다 인간의 확장 범위를 더 넓히고 있고, 인간이 이전에 닿지 않은 부분에도 닿게 한다. 그 결과 AI는 우리에게 확장성을 떠올리게 한다.

확장되는 인간

인간이 확장된다는 것은 무슨 의미일까? 아주 쉬운 예를 들면, 직접 걸어가야 대화를 나눌 수 있는 친구를 간단히 전화로 연결해서 대화할 수 있다면 인간과 인간의 대화 가능 거리가 확장된 것이다. 집 거실에 앉아서 텔레비전을 통해 전국은 물론이고 세계 곳곳의 유명 관광지를 보고 있다면 우리의 눈이 확장된 것이다. 옷은 피부를 확장했고, 집은 인간 신체의 체온조절 기제를 확장했다. 자동차는 인간의 발을 확장했고 망원경은 눈을 확장했다. 인터넷을 비롯한 통신 매체는 물론이고 언어도 사람들 간 관계 맺음을 위한 의사소통을 확장했다. 비단 기술에 의한 것뿐 아니라 의사소통의 매개 역할을 하는 전령(傳令)도 우리를 확장했다. 그 외에도 사례는 무수히 많다. 확장의 의미란 이런 것이다. 기존의 한계 범위에서 더 나아간 것을 말한다. 따라서 인간의 확장은 곧 인간이 할 수 있는 것의 한계 범위를 늘리는 것이다. 바로 이 역할을 하는 것을 통틀어 미디어(media)라고 한다.

여기서 말하는 미디어는 통신 매체에 한정되는 것이 아니다. 말 그대로 중간 매개 역할을 하는 모든 것이 미디어다. 그 미디어로 인해 인간은 확장되어 왔고, 이는 현재도 진행형이다. 그래서 마셜 매클루언(Herbert Marshall

McLuhan)은 미디어의 이해를 '인간의 확장(The extension of man)'이라는 시각으로 바라보았다. 그에 따르면 미디어는 인간 정신과 육체의 모든 기술적 확장인 것이다(McLuhan, 2011).

인간의 확장은 멈추지 않는다. 앞서 든 예인 전화, 텔레비전, 옷, 집, 자동차, 인터넷 등은 어느 하나로 존재하는 것이 아니라 기능이나 성능, 디자인 등에서 계속 변화하고 있다. 더 좋은 기능이나 성능, 더 좋은 디자인이 생겨나고 있다. 따라서 인간은 계속 확장되고 '있는' 존재인 것이다. 그 확장에 미치는 영향 요소는 다양하며, AI도 그중 하나다. 그런데 AI의 경우 그 영향이 적지 않다.

AI의 미디어적 확장 기능

인간이 어떤 일을 할 때 AI가 긍정적 측면의 매개 역할을 한다면 AI는 인간을 확장하는 데 기여하게 된다. 특히 기존보다 더 쉽거나 더 빠르거나 더 정교하게 해 줄 경우 인간은 그 전보다 더 확장된다. 번역을 예로 들면, 번역을 하는 것은 내가 다른 나라 사람과 소통을 하게 해 주는 것이므로 나는 번역을 통한 소통을 하지 않을 때보다 더 확장되는 것이다. 한국말을 할 줄 아는 사람과 대화하여 미치는 내 영향력이 이제는 다른 나라 사람들에게까지 미친다면 나의 확장이 되는 것이고, 번역을 통해 다른 나라의 지식이나 문화나 정보를 얻게 되면 그것을 모를 때보다 나는 역시 확장된다. 그래서 중요한 것은 의사소통을 가능하게 하는 번역의 정확성과 신속성 및 효율성 등이다. AI를 활용한 번역이 기존보다 더 유용한 번역을 가능하게 한다면 이는 인간을 더 확장하는 것이 된다. 번역을 가능하게 하는 도구(장치)가 인간을 확장하는 것인데, AI가 더욱더 확장하는 데 기여한 것이다.

AI는 번역 이외의 다른 곳곳에서도 미디어와 같은 매개적 역할을 통해 인간을 더 확장하고 있다. 다양한 소음과 잡음 속에서도 정확한 소리를 포착해 내는 AI 활용 장비, AI가 탑재되어 빠르고 매끄럽고 정확성이 높아진 통신 시스템, AI 덕분에 기존보다 신속하고 정확하게 불량품을 선별하여 효율적 유통을 하도록 하는 선별 장치, 더 효과적인 자율 주행 자동차 등은 모두 이전보다 더 확장된 인간을 가능케 한다. 기존에 있던 여러 자동화, 증폭, 광대역 장치들도 인간을 확장하게 해 주었지만 AI가 그 수준과 정도를 더 높여 준 것이다.

물론 그 전에 인간이 할 수 없었던 것을 하게 해 준다면, '더' 확장하는 것이 아니라 그동안 확장하지 못한 것을 확장하는 것이 된다. 인간을 즉시 투입하기 힘든 심각한 재난 사고가 발생했을 때 곧바로 투입할 수 있는 AI 방재 로봇이 개발된 사례가 이에 해당한다. 인간에게는 위험하여 접근하기 힘들었거나 다루기 힘들었던 일을 AI가 할 수 있게 되는 경우들인 것이다.

사실, 인공지능이라는 말 속에는 확장성 지향의 의미가 내포되어 있다. 인간에게 있는 지능을 인공적으로 만들어서 활용한다는 의미이기 때문이다. 인공지능은 단순히 인간 지능을 모방하여 따라 하는 데 머물지 않고 애초에 한계를 지닌 인간의 지능을 넘어설 것을 목표하기 때문에, 인간을 더 확장하는 데 기여할 수 있다. 비단, 지능이 아니더라도 인공적으로 뭔가를 만든다는 것은 자연적인 그 뭔가의 것을 더 나은 것으로 대체하거나 보완하기 위한 것이므로 이는 곧 자연적인 것의 확장으로 이어진다.

확장성을 상상하게 하는 AI

인간이 하는 일을 더 넓혀 주고 더 많이 연결해 주고 그 과정에 놓여 있는 장애물을 최소화해 주는 AI는 인간을 확장한다. 실제로 인간 확장의 대표적인 사례인 통신의 경우, 글로벌 통신사들은 AI로 통신망의 운영 효율성이 크게 향상할 것으로 예상하고 있다. 이는 최근 한국과 미국 · 영국 · 일본을 포함해 17개국 정보 · 통신기술(IT) 엔지니어와 관리자 1517명을 대상으로 진행한 설문 결과에서 볼 수 있는데, AI를 활용하면 지금보다 네트워크 운영 효율성이 40% 이상 향상할 것으로 예상했다. 특히 다수 응답자가 AI가 네트워크 성능을 향상할 것이라고 봤다(경향신문, 2024.5.26). 인간의 확장 정도가 더 강해질 것으로 보고 있는 것이다.

우리는 통신 이외에 여러 다른 영역에서도 이와 비슷한 기대를 지니고 있다. "AI를 통해~", "AI를 활용하여~", "AI를 도입함으로써~"의 말로 시작하여, 기존에는 하지 못했던 것을 할 수 있다거나 또는 기존보다 더 수월하게, 효과적으로, 효율적으로 어떤 일을 할 수 있다는 기대가 그렇다. 특히 오픈AI에서 출시한 챗지피티(ChatGPT)의 등장은 분야별을 떠나 범용의 차원에서 뭐든 할 수 있게 한다는 것을 보여 주었다. 챗지피티 홈페이지 소개 글은 이렇게 쓰여 있다. "ChatGPT helps you get answers, find inspiration and be more productive." 챗지피티는 우리가 답을 얻고 영감을 고취하는 데 도움을 주고 더 생산적이게 해 준다는 이 말은 인간인 우리를 확장하는 것을 의미한다.

AI에 의한 인간의 확장이 어느 정도이며 얼마나 좋고

혹은 나쁜지 아니면 정말 확장된 것이라고 볼 수 있는지 등등의 실증적 결과는 아직 확인할 수 없다. 그렇지만 우리는 AI가 우리를 확장할 수 있다고 생각하고 있다. AI의 부정적 영향도 제시되지만, 그에 앞서 우리 인간이 여러 영역에서 활동할 때 AI가 긍정적 매개물로서 유용한 수단이 된다는 점이 먼저 언급되고 있기 때문이다. 이런 언급이 많이 되면서 반복되면, 그것은 우리가 AI를 떠올릴 때 AI의 확장성을 생각하도록 만드는 권력 작용으로 나타난다. 특히 소위 말하는 AI 전문가들의 말들이 그렇다. 딥러닝의 권위자 앤드루 응(Andrew Ng) 교수가 AI를 '지능의 보조 배터리'라고 설명하는 것이 그렇다(한국경제, 2024.1.3). 보조 배터리의 속성을 생각해 보면, 인간 지능의 보조 배터리로서 AI는 우리 인간이 확장되는 데 결정적인 역할을 할 것이다. 그러한 인식은 우리가 AI에 의한 인간 확장성을 계속 상상하게 한다. 다방면에 활용되는 AI가 적어도 겉으로는 나쁜 의도로 등장하지는 않을 것이다. 그래서 더 많은 분야와 인간 생활에서 한발 더 나아가는 여러 사례를 접할수록 AI를 떠올릴 때 확장성에 관한 상상은 더욱 공고해진다.

참고문헌

경향신문(2024.5.26). "AI로 통신망 효율성 40% 향상…수익성 증가 전망".
https://www.khan.co.kr/economy/economy-general/article/202405261409001

한국경제(2024.1.3). AI, 인간 지능 높일 '보조 배터리'…인류 난제 풀 새로운 지혜 줄 것.
https://www.hankyung.com/amp/2024010300981

McLuhan H. M.(2003). *Understanding media – The extensions of man (critical edition)*. W. Terrence Gordon Ed., Gingko Press. 김상호 옮김(2011). 『미디어의 이해: 인간의 확장』. 커뮤니케이션북스.

05
AI와 미래성의 상상권력

미래는 과거와 현재가 함께 사용되면서 직선적 관계를 형성하고 있다. 이런 시간적 관념 속에서 인간은 아직 도래하지 않은 미래가 좋아지기를 바란다. 현재처럼 급변하는 시기라면 장밋빛 미래를 바라는 우리 인간의 노력은 더욱 강조된다. AI는 현 인류의 최첨단 기술의 장에서 우리 미래의 가장 큰 영역을 차지고 있다. AI를 곧 미래라고 여길 정도다. 옳고 그름을 떠나 우리는 AI를 떠올릴 때 미래라는 관념도 함께 떠올리고 있다.

미래지향적 인간

미래는 시간이 내포된 개념이다. 아직 경험하지 못한 시간에 기초한 각종 변화 여부를 말할 때 주로 사용된다. 과거와 현재가 함께 사용되며 직선적 관계를 형성하고 있는 것이 미래다. 과거는 경험했던 시간이고 현재는 경험 중인 시간이고 미래는 아직 경험하지 않은 시간이다. 그래서 이 시간들에서 변화 여부를 판단할 때 미래는 모두 예측으로 이루어진다.

인간은 아직 도래하지 않은 미래가 좋아지기를 바란다. 우리는 흔히 말하는 장밋빛 미래를 원하며 그것을 위해 다양한 노력도 한다. 시간은 상대적이기 때문에 미래는 빨리 올 수도 있고 늦게 올 수도 있지만, 현재처럼 급변하는 시기라면 장밋빛 미래를 바라는 우리의 노력은 더욱 강조된다. 확실하지 않은 예측에 의한 미래이므로 더 그렇다.

현대사회에서 특히 컴퓨터와 인터넷이 이런 급변을 이끌고 있다. 미래의 변화가 생각보다 그 정도가 강하고 빠르다는 것은 멧커프의 법칙(Metcalfe's law)과 무어의 법칙(Moore's law)을 통해 알 수 있다. 멧커프의 법칙은 통신 네트워크가 확장되면 그에 따른 구축 비용은 이용자 수에 비례하지만 네트워크의 가치는 이용자 수의 제곱에 비례하여 기하급수적으로 증가한다는 법칙이다. 이에 따르면 인터넷 환경에서 이용자의 단순 증가만으로도 미래에 도래할 변화의 정도가 크다는 점을 알 수 있다. 네트워크의 가치는 네트워크 사용에 기초한 다양한 변화를 모두 담기 때문에 기하급수적 가치 증가는 곧 큰 변화를 의미한다. 무어의 법칙 역시 마이크로칩에 저장할 수 있는 데이터의 양이 18개월마다 2배씩 증가한다는 내용으로 마이크로칩 기술의 빠른 발전 속도와 그에 따른 변화를 말하고 있다. 이처럼 컴퓨터와 인터넷이 우리 환경에 지배적인 상황에서 급변하는 미래에 대해 인간이 많은 관심을 가지는 것은 당연하다. 나아가 좋은 미래를 위해 노력을 기울이는 것도 당연한 것이다.

미래 전망, 미래 트렌드 탐구, 미래 유망 직업 예측 등에 관심을 쏟는 것도 같은 맥락이다. 인간은 미래지향적인 존재로 미래에 대한 준비나 대비 차원에서 조금이라도 더 나은 미래를 미리, 그리고 더 알아보려고 한다. 미래지향적 인간이 곧 국민이기에 국가 차원에도 이에 맞추어 대응을 한다. 예컨대 우리나라 정부에서도 이미 2008년도에 기획재정부의 미래전략과에서 미래 예측 역량 강화를 위한 추진체계 구축을 논의하기 시작하였다. 당시 논의 내용을 보면, 미래 예측의 중요성, 우리나라 미래 연구의 한계와 현황, 주요 선진국의 미래 연구 기관 현황, 미래 예측 역량 강화 등을 조사하는 것이 포함되어 있다(기획재정부 경제정책국 미래전략과, 2008). 국가적 차원에서 강조하는 이런 미래 예측은 곧 국민들의 수요나 요구에 반응하기 위한 것이다. 인간의 미래 지향성은 개인은 물론이고 국가적 차원에서도 전제되어 관련 활동이 이루어지는 것이다.

미래 친화적 AI

현재 시점에서 볼 때 AI는 가장 최신의 첨단 기술이다. 즉, 과거, 현재, 미래의 직선형적 사고에서 보면 첨단 기술은 현재의 가장 끝자락에 있으면서 미래와 가장 가깝게 맞닿아 있다. 물론 AI는 기존과는 완전 별개의 단독 기술이라기보다는 그동안 누적된 지식의 결과이지만 하나의 용어로서는 최신 기술을 대변할 정도다.

CES(Consumer Electronics Show)는 미국소비자기술협회(CTA)가 주관해 매년 열리는 세계 최대 규모의 가전제품 박람회다. 사실 CES는 가전제품에 한정된 것이라기보다는, 첨단 IT(정보기술) 제품의 소개장이라 할 수 있다. 매년 초 마이크로소프트, 인텔, 소니 등 세계 IT 업계를 대표하는 기업들이 총출동해 그해의 주력 제품을 선보이는데, 이때 최첨단 기술이 접목된 미래의 가전 제품과 기술 동향을 미리 파악할 수 있다. 그동안 여기서 전시되어 소개된 사례를 보면, VCR, CD 플레이어, DVD, IoT(사물인터넷), HDTV, 드론, 디지털 헬스케어, 자율주행차, 증강 현실, 5G LTE 등이 있었고 그때마다 세계적으로 많은 관심을 받았다. 이어서 최근 2024년의 CES는 "AI로 시작해서 AI로 끝났다"는 말이 있을 정도로 미래를 이끌 첨단 기술과 그 산업의 핵심은 AI로 강조되었다. 미래는 곧 AI에 의해 연결되고 도래하는 ACE(AI · Connect · Emerging)가 핵심 키워드였다(파이낸셜뉴스, 2024.1.14). 현 인류의 최첨단 기술의 장에서 AI는 우리 미래의 큰 영역을 차지고 있음을 말해 준다.

우리나라의 최근 재임 대통령들 역시 AI를 '미래의 먹거리', '미래의 성장 동력' 등으로 강조하며 관련 정책을 펼쳤다(한국경제, 2020; SBSNEWS, 2023). 정책은 사회문제를 해결하여 미래의 바람직한 목표를 달성하기 위한 정부의 활동이라는 점에서(김민주, 2017), 국가의 정책 차원의 활동은 곧 국민들에게 영향을 미칠 국가 미래의 방향성 제시를 의미한다. 특히 대통령과 같은 고위 관료의 언어가 우리 사회와 국민들의 인식과 의식에 미치는 영향력을 고려하면 더욱 그렇다(김민주, 2023). 경험과 체감과는 별도로 언어를 듣게 되면서(특히 미디어를 통해 반복 수용되면서) 국민들이 AI와 미래의 높은 연관성을 인식하는 데 영향을 주는 것이다. 이처럼 AI는 첨단 기술로서 그 자체의 속성에서 비롯되는 것도 있지만, 우리 사회 곳곳에서 미래 친화적 속성을 더 많이 드러내고 있다.

AI를 통한 미래 상상

AI는 이미 우리에게 다가와 있다. 수준과 정도의 문제인 것이지 AI는 우리와 함께하고 있다. 그런데 AI는 결코 지금의 수준에 머물지 않을 것이다. AI는 곧 말 그대로 '지능'이므로 더 나은 지능이 되려는 속성을 지니고 있다. AI가 미래성을 드러내고 있는 지점은 바로 여기에 있다. AI를 만든 인간은 AI를 점점 더 인간의 지능과 같이 또는 그보다 더 뛰어난 수준으로 만들려고 하고, 그와 동시에 AI 자체도 지능이기 때문에 스스로 더 나은 지능이 되려고 한다. AI를 중심에 놓고 보면 AI는 타의적으로나 자의적으로나 더 나은 미래를 위해 나아가고 있는 것이다.

이런 AI에 대해 듣고 접하고 경험하면서 AI에 의한 미래가 자연스럽게 우리들 대화의 한 축을 이루게 된다. 그

대화는 우리의 인식 강화에 또 기여한다. 특히 대화와 같은 언어가 가시적(문서화, 정책화, 사업화 등) 활동과 연동되면 우리의 인지 기능에 더 실감 나게 다가온다. 가시적 활동 중에서도 정부와 기업과 같이 그 활동의 범위가 넓고 그로부터 다양한 행위 주체에게 미치는 영향이 클 경우 더욱 그렇다.

일례로 미국과 유럽 연합(EU) 등 선진국 정부의 경우 미래를 대비하는 차원에서 인공지능 연구 개발(R&D) 정책에 수십억 달러의 규모에 해당하는 투자 지원을 하고 있고, 산업계에서도 미래 인공지능 기술의 새로운 가능성을 고려하여 첨단 기술의 선도적 위치를 차지하기 위해 노력하고 있다. 구글, 페이스북, 마이크로소프트, IBM 등에서 적극적인 인재 영입과 더불어 기술 개발 등에 적극적으로 투자하며 서로 경쟁을 벌이고 있는 것이다. 실제로 각종 분야에서 인공지능 시장의 전망치가 발표되는 등 미래에 대한 AI의 역할과 그 가능성이 가시적으로 보여지고 있다(김윤정 · 유병은, 2016).

본래 미래를 생각하는 인간이기에 이런 상황에서는 그 미래를 AI와 연관 짓는 횟수가 늘어난다. '내일'과 같은 미래 관념이 생기면서 인간에게 일어나는 여러 일들이 있는데, 그 일 중 하나가 미래를 걱정하고 대비하는 것이다(Milo, 2017). 즉, 걱정과 고민이 큰 비중을 차지하지만, 결국 미래를 생각한다는 것이다. 우리가 AI를 통해 미래를 생각하면서 미래를 준비하기 위해 AI에 대해 알아야 한다고 여기는 것이나, AI와 관련된 미래 유망 산업이나 직업을 고려하는 것도 그렇다. AI는 곧 미래이기 때문에 그렇다. 이렇게 여기는 것은 AI가 우리에게 미래를 떠올리게 하는 권력 작용이다. 그 누구도 시간의 직선적 사고에서 AI를 두고 과거를 떠올리지 않는다. 최첨단 기술로 여겨지는 AI는 현시점의 우리를 시간적 직선의 맨 끝에서 미래를 향하여 상상하도록 이끈다.

참고문헌

기획재정부 경제정책국 미래전략과(2008.04.21.). 미래예측 역량 강화를 위한 추진체계 구축방안.
https://eiec.kdi.re.kr/policy/materialView.do?num=94121

김민주(2017). 『정부는 어떤 곳인가 : 행정학의 이해와 활용』. 대영문화사.

김민주(2023). 『관료의 언어와 이미지 생산』. 박영사.

김윤정, 유병은(2016). 인공지능 기술 발전이 가져올 미래 사회 변화. ≪KISTEP InI≫, 12, 52-65쪽.

파이낸셜뉴스(2024.1.14.). AI로 시작해 AI로 끝났다… 치열해진 기술전쟁[CES 2024].
https://www.fnnews.com/news/202401141820089305

한국경제(2020.1.16.). 문재인 대통령 “과학기술·AI가 미래 먹거리 두

기둥".
https://www.hankyung.com/politics/article/202001162264i

SBS NEWS(2023.11.2.). 윤 대통령 "AI 미래성장 동력…R&D 예산 많이 늘리겠다".
https://news.sbs.co.kr/news/endPage.do?news_id=N1007408772

Milo D. S.(2011). *L'Invention de demain*. Les Belles Lettres. 양영란 옮김(2017). 『미래중독자』. 추수밭.

06
AI와 위신성의 상상권력

위신은 사회적 지위나 신뢰, 신망, 명예, 만족감, 개인적 희열감 등이 복합적으로 얽혀 있는 주관적 감정이다. 수준과 정도의 문제일 뿐 인간은 자신의 위신을 중요하게 여긴다. 사회적 관계 속에서 비롯되는 위신은 고정되지 않고 변하며, 주로 돈(자본)과 학력(지식과 정보)의 영향을 많이 받는다. 그런 점에서 최첨단 기술인 AI에 대한 지식과 정보의 수준은 위신에도 영향을 주기 때문에, 우리는 AI를 떠올리며 자신의 위신도 상상하게 된다.

위신적 인간

인간은 자신의 위신(威信, prestige)을 생각한다. 정도의 문제일 뿐 누구나 위신 있는 인간이 되고 싶어 한다. 위신은 사회적 지위나 신뢰 및 신망, 명예, 그리고 만족감과 개인적 희열감 등이 복합적으로 얽혀 있는 주관적 감정이다. 개인의 감정으로 느껴지는 것이지만, 그 배경은 사회적 관계다. 다시 말해, 사회적 관계를 맺는 인간에게 위신은 관계의 문제고, 관계로부터 비롯되는 자존감의 문제다. 이는 사회적 지위의 높고 낮음과는 비례하지 않는다. 관계 속에 놓여 있는 인간이라면 누구에게나 어떤 요인에 의한 위신은 있기 마련이다.

위신은 정도의 문제라고 했다. 상대적이라는 것이다. 그래서 자세히 들여다보면 인간은 자신이 관심을 가지고 있는 것이나 그 관심이나 혹은 어떤 연유에 따라 속하게 된 집단에서는 그와 관련된 위신은 언제나 관심 사항이 된다. 이는 곧 언제나 모든 경우가 위신의 문제는 아니라는 것이다. 다시 말해, 위신을 따지려 하지 않는 것은 애초에 별로 신경을 쓰지 않는 것에 해당되고, 대신 위신을 따지려는 것은 계속 신경을 쓰고 관심을 가지고 있는 것에 해당된다. 결국 인간에게 위신은 분명 상대적이지만 자신이 중점을 두는 관계 속에서는 위신은 언제나 중요하게 자리 잡고 있다. 그런데 거의 대부분의 인간은 자신이 중점을 두는 관계에 더 신경을 쓰며 살아가기 때문에, 인간의 삶에서 위신은 결코 적지 않은 비중을 차지하고 있다. 대부분 '위신적 인간'인 것이다.

그렇다면, 과연 어떤 것들이 위신적 인간을 만족시키는 것일까? 다시 말해, 위신을 더 높이는 데 기여하는 것은 무엇일까? 앞서 언급한 대로 인간마다 자신의 위신을 더 높이는 것은 다르다. 한 인간도 집에서, 직장에서, 동호회에서 등 상황에 따라 다를 것이다. 그럼에도 많은 사람이 공통적으로 위신을 더 높이는 것으로 생각하고 있는 것이 존재한다. 돈(자본)과 학력(지식과 정보)이다.

돈은 개인의 돈뿐만 아니라 자신이 속한 집단의 예산과 같은 돈일 경우도 마찬가지다. 예컨대 관료들이 자신이 속한 부서의 예산을 극대화하려는 것도 예산이 많은 부서의 구성원이 되면 그로부터 생기는 위신 때문이다(Niskanen, 1971). 이러한 경제적 측면의 위신 요인과 함께 사회적 측면의 지식과 정보도 더 많이 더 정확하게 알고 있을수록 위신은 더 높아진다. 학력 자산을 생각해 보면 지식과 정보의 힘을 쉽게 이해할 수 있다. 물론 지식과 정보가 학력 자산의 모든 것을 의미하지는 않지만,

우리 사회에서 학력의 힘을 생각해 보면 학력의 한 부분을 차지하는 지식과 정보의 힘도 쉽게 이해할 수 있다. 따라서 많은 경우 위신적 인간은 돈과 지식과 정보를 에너지로 삼아 위신이 더 높아지기를 바란다.

위신의 변화

위신은 변한다. 위신은 사회적 관계를 배경으로 하기 때문에 사회적 관계에 변화가 생기면 그에 따라 위신도 함께 변한다. 물론 변하지 않는 데서 오는 위신도 존재하지만, 급변하는 사회에서 그 변화를 읽지 못했을 때 위신은 더 낮아질 수 있다. 특히 사회 전반에 영향을 미치는 가장 중요한 시대적 이슈에 대해 전혀 모른다면 더욱 그렇다. 어느 정도 사회적 지위를 지니고 있다고 인식되는 집단 속 개인은 그 위신에 신경 쓰이는 정도가 더 높다. 시대적 감각이 없는 사람, 시대를 잘 읽지 못하는 사람이라 불리면 위신에 치명적이다. 타인이 직접 그 위신에 상처를 낸다기보다는 위신은 주관적 감정이므로 스스로 위신이 저하됨을 느낀다.

그렇다면 위신의 변화를 가져오는 사회적 관계의 변화는 무엇으로부터 영향을 받는 것일까? 미시적 차원부터 거시적 차원에 이르기까지 사회적 관계에 미치는 요소는 무수히 많다. 하지만 시대를 구분할 정도의 시대적 변화를 나타내는 것이 있다면 그것의 영향은 분명하다. 특히 그것으로부터 우리가 직접 경험하고 체험할 때 그 영향을 더 분명히 느낀다. 비록 시대적 구분은 후세대에 의해 이루어지는 것이지만, 역사 속에서 혁명으로 불리면서 시대를 구분할 정도가 그에 해당한다. 예를 들면 유발 하라리(2015)가 구분한 인지 혁명, 농업 혁명, 과학 혁명 시기의 영향이나, 산업 혁명의 단계를 구분하며 오늘날 제4차 산업혁명에 따라 우리가 체감하는 변화 등을 생각하면 쉽게 이해할 수 있다. 이런 시대적 변화를 이끄는 것도 인간이고 그 변화에 따르는 것도 인간이기 때문에 사회적 관계 속에서 어떤 역할과 위치에 있는가에 따라 그 사람의 위신도 영향을 받는다.

따라서 위신은 고정된 것이 아니다. 소위 말하는 직업적 위신(occupational prestige)과 같이 주어진 사회적 지위에 따라 일정 부분 기본적 수준에서 이미 형성된 위신이 있기도 하지만, 세상 변화에서 위신을 재설정하거나 재조정하며 향상하려는 의지와 노력이 필요하다. 과학 혁명이 도래하였는데 농업 혁명 시대의 사고에 머물러서 그에 부합한 행동만 하는 사람의 위신이 얼마나 높다고 할 수 있을까? 돈을 많이 가진 자본가가 지금 현시대의 지식과 정보 활용을 전혀 할 수 없다면 그 사람의 위신 역시 높다고 할 수 있을까? 지금의 상황과 위치에서 위신은 언제든 변할 수 있다.

AI의 위신 효과

지금 시점에서 우리의 위신에 영향을 줄 만한 시대적 변화는 무엇일까? 미래에 중요한 주류 이슈로 성숙하고 발전하거나 그 자체로 트렌드가 될 수 있는 새로운 개념이나 사회적 이슈를 의미하는 이머징 이슈(emerging issue) 11개를 보면 모두 공통된 키워드로 지능형, 디지털, 스마트 등이 포함되어 있다(여영준 · 김유빈, 2023). 미래 사회 예측을 위해 발행된 국내외의 각종 보고서를 검토했을 때도 '인공지능', '모바일 인터넷', '클라우드 기술', '빅데이터', '사물인터넷(IoT)' 등이 미래의 주요 변화 동인으로 언급되고 있다(김진하, 2016). 다양한 용어로 표현되고 있지만 사실 이들 용어는 인간 지능에 버금가거나 넘어설 AI로 포괄될 수 있다고 해도 과언이 아니다. 미국 매사추세츠 공과대학교(MIT)의 경우 AI를 이공계는 물론 인문 사회계 학생이 사용해야 할 '미래의 언어'로 규정하였다. 그래서 AI를 모든 학생에게 가르친다. 그래서 'AI 언어'와 자신의 '전공 언어'를 동시에 구사하는 '이중 언어자(bilingual)'를 양성하고 있다(조선일보, 2019.1.1). 언어는 인간 생활의 기본 소통 도구인데, 이를 'AI 언어'로 부를 정도이기 때문에 미래 변화의 중심에는 AI가 있다고 할 수 있다. 먼 미래에 역사적 단계를 구분할 때 AI는 그 기준점이 될 것이다.

이런 상황에서 위신적 인간, 즉 위신을 추구하는 인간은 변화된 사회에 발맞추기 위해 AI를 배운다. 아니, 앞서 언급한 매사추세츠 공과대학교의 사례처럼 배워야만 한다. 적어도 AI 시대를 살아가면서 자신의 위신을 유지하거나 더 높이기 위해서는 AI에 대해 알려고 한다. AI에 대한 전문가가 되기 위한 것이 아니다. 자신의 사회적 위치에서 AI와 관련한 몇 가지 정도는 대화를 나눌 수 있으려고 한다. AI는 위신의 문제로 나에게 맞닿아 있는 것이다. 사실, 지금 단계에서는 AI가 낳는 위신의 문제에 대한 체감이 그렇게 강하지는 않을 수 있다. 여전히 예상과 예측의 영역에서 논의되는 경우가 많기 때문이다. 그러나 어느 날 우리가 살아가는 곳곳에 AI가 포진된다면 우리는 AI를 적극적으로 알아야 한다. AI가 각종 서비스를 제공하고, 의료, 법률, 질서 등의 분야에서 AI가 지배적이게 되는 날에는 AI는 생활의 문제이자 곧 위신의 문제가 된다. 이런 상황에서 AI는 위신성의 상상을 이끈다.

그런데 이 지점에서 다시 생각해 볼 것이 있다. 지금은 AI에 의한 위신의 문제에 대한 체감이 강하지 않을 수도 있다고 했다. 그러나 다른 한편에서 보면, 어쩌면 AI가 일상이 되는 먼 미래보다 지금, 즉 시대적 변화를 읽을 수 있고 시대에 적응하며 살아갈 인간으로서 적합성을 보여 줄 수 있는 때인 지금이 위신을 더 높일 수 있는 시기다. 가장 첨단의 도구를 남들보다 먼저 이해하며 적응하고 미래 맞이를 하고 있다면 조지프 캠벨(2020)이 말하는 일종의 희열감인 블리스(bliss)를 느끼며 자족적 위신의 느낌도 높일 수 있다. 실제로 권력의 원천 중 하나가 전문성이기도 하다(French & Raven, 1959). 전문성을 지니고 있다면 권력 자원이 될 수 있다는 것이다. 이는 곧 위신을 높이는 것이기도 하다. 그런 면에서 본다면 AI의 위신 효과는 지금이 더 유효하다. 모두가 AI를 잘 알면 위신의 동인력이 낮아질 수 있기 때문이다. 따라서 AI의 위신 효과는 AI가 아직 본격 도래하지 않은 지금 시점은 물론이고 일상을 지배할 먼 미래에도 작동할 것이다. 그런 점에서 AI는 우리 인간에게 위신을 떠올리며 상상하게 한다.

참고문헌

김진하(2016). 제4차 산업혁명 시대, 미래사회 변화에 대한 전략적 대응 방안 모색.≪KISTEP InI≫, 15, 45-58쪽.

여영준·김유빈(2023). 미래사회 변화를 이끄는 11대 이슈: 개인과 공동체, 그리고 사회의 미래. ≪Futures Brief≫, 23-17, 국회미래연구원.

조선일보(2019.1.1). 모든 학문은 AI로 통하라, MIT의 교육혁명. https://www.chosun.com/site/data/html_dir/2019/01/01/2019010100203.html

Campbell, J.(2004). *Pathways to bliss: Mythology and personal transformation*. New World Library. 노혜숙 옮김(2020). 『블리스로 가는 길』. 아니마.

French, J. R. & Raven B.(1959). The base of social power, in darwin cartwright(ed.), *Studies in social power*, Ann Arbor, Mich: University of Michigan Press.

Harari, Y. N.(2015). *Sapiens: A brief history of humankind*. Penguin Random House UK. 조현욱 옮김(2023). 『사피엔스』. 박영사.

Niskanen, W. A.(1971). *Bureaucracy and representative government*, Chicago: Aldine-Atherton.

07
AI와 불확실성의 상상권력

불확실성은 미래의 기본 속성이다. 직선적 시간 개념에서 현시점의 우리는 확신하기 어려운 미래로 인해 불확실성의 시대에 놓여 있다고 말한다. 미래를 말할 때 첨단 기술이 빠지지 않지만, 그 미래는 도래할 것이라는 전제에 따른 것이지 어떤 형태의 것이 확실히 보장된 미래는 아니다. 첨단 기술로 인해 미래가 어떻게 될지 모르는 경우가 더 많다. AI도 마찬가지다. AI가 함께할 우리의 미래는 아직 잘 모른다. 그래서 AI는 우리에게 불확실성을 떠올리게 한다.

불확실성의 시대

어느 시대에서나 미래는 불확실했다. 현시대도 마찬가지다. 불확실성은 미래의 기본 속성이다. 사람들이 미래를 예측하기 위해 이런저런 노력을 하는 것이 곧 미래는 알기 어렵다는 속성을 반증(反證)하는 것이다. 확실한 미래란 없다.

따라서 직선적 시간 개념에서 미래로 향하려는 현재 시점의 우리는 확신하기 어려운 미래로 인해 불확실성의 시대에 놓여 있다고 말한다. 이 말은, 불확실성을 느끼는 우리는 현재에 있지만 그 불확실성은 미래에 관한 것이라는 의미다. 그래서 현대가 유독 불확실성이 높은 시대로 규정되고 있다는 점은, 현시점에서 미래를 알기가 더 어렵다는 말이다.

여기서 한 가지 의문이 든다. 왜 과거보다 오늘날 더 불확실성이 높다고 말하는 것일까? 이유는 명확하다. 현시점에서 볼 때 과거는 이미 벌어진 즉, 확실성이 담보된 것인 반면 현시점에 있는 우리가 바라보는 미래는 도저히 알 수 없기 때문이다. 인간은 지난 일에 대해서는 역산하여 해석하는 경향이 있다. 그래서 과거에 정말 불확실하여 미래를 알 수 없었던 것이 지금은 확실한 결과로 도출되었기에 그에 맞춰 역으로 해석함으로써 과거의 불확실성 경험(기억)의 강도를 낮추게 된다. 반면 그렇게 해석하여 설명할 수 있는 거리(something)가 전혀 없는 현시점에서 바라보는 미래는 그동안 과거를 돌이켜 비교해 보면 가장 불확실해 보인다. 우리의 심리적 요인에 따라 현시대의 불확실성에 대한 강도를 판단하는 것이다. 따라서 사실은 최근이라고 해서 더 불확실성이 높다고 단정하기는 어렵다. 다만, 한 가지 분명한 사실은 존재한다. 심리적으로 더 불확실하다는 그 마음 자체는 사실이라는 점이다. 객관적 판단에 따른 불확실성의 정도를 따져서 더 혹은 덜 불확실하다는 것은 말할 수 없고 또 정확히 알지 못하더라도, 심리적으로 더 불확실하다는 말은 충분히 할 수 있다. 사실과 상관없이 불확실성의 체감도가 더 높다면, 불확실성을 체감하는 이들에게는 불확실성이 더 큰 상황이 되는 것이다.

그렇게 본다면 현시대의 불확실성이 더 높게 느껴지는 것은 당연하며, 그것은 곧 우리 마음속에서 미래를 예측하는 데 어려움을 겪고 있기 때문이다. 따라서 불확실성 시대를 이해하고 대응하고자 한다면 현재 우리가 미래를 생각할 때 예측하기 어렵다고 느끼게 하는 것을 찾으면 된다.

첨단 기술과 미래 예측

첨단 기술은 미래를 예측하는 데 도움이 될까? 지금과 같이 고도의 과학 기술이 발전하고 있는 시대에 미래를 말할 때 첨단 기술은 빠지지 않고 등장한다. 그런데 첨단 기술이 미래를 말하지만(예를 들어, 더 편리해질 것, 더 비용이 절감될 것 등), 그 미래는 도래할 것이라는 전제에 따른 것이지 어떠한 형태로 확실히 보장된 미래는 아니다. 다시 말해, 더 편리해지고 더 비용이 절감될 미래를 전제하고 말하는 것이다. 기본적으로 첨단 기술은 시대의 맨 앞단에서 미래로 향해 가는 첨병과도 같은 역할을 하므로 우리는 이들의 순조로운 전진을 희망한다. 그래서 첨단 기술이 잘 작동하는 미래가 전제되고, 그 미래에서 이런저런 첨단 기술이 잘 작동될 것에 대한 예측도 하는 것이다.

하지만 그 전제에 의문이 제기될 수 있다. 정말 첨단 기술이 잘 작동하는 미래가 될까? 어쩌면 우리가 미래를 생각할 때 예측하기 어렵다고 느끼게 하는 것은 역설적이게도 바로 첨단 기술 때문일 수도 있다. 첨단 기술로 인해 밝은 미래가 되건 어두운 미래가 되건 상관없이 첨단 기술이 미래 예측에 오히려 걸림돌이 될 수도 있다는 것이다. 쉽게 말해 첨단 기술로 인해 미래가 어떻게 될지 모르겠다는 것이다. 그 첨단 기술은 그 자체로 가치가 있고 밝은 미래를 보장해 주는 측면이 많다고는 해도, 그 첨단 기술의 활용 범위가 넓고 아직 첨단 기술에 대한 대중의 이해가 부족한 경우가 그렇다.

이는 미래를 생각하는 우리에게 불확실성의 요소가 된다. 단순히 미래를 생각할 때보다 첨단 기술을 고려한 미래를 생각하면 도래할 미래의 변수가 더 추가되기 때문에 불확실성이 더 높은 것이다. 때로는 불확실성이 심각한 문제의 발생과 관련된다. 예를 들면, 유전자 검사를 비롯한 이종 장기 이식이나 나노 의학 등 첨단 생명과학 기술의 발달은 높은 불확실성을 야기하여 훨씬 포괄적인 위험에 관한 논의를 내포한다(서정임, 2014). 첨단 기술이 미래와는 관련되지만 그 미래를 예측하는 것과는 다른 문제다. 해당 첨단 기술이 미래에 사용될 수 있다는 단순한 미래 예측은 되지만, 그것은 미래 자체를 예측하는 것이 아니라 예측되는 미래 속에 첨단 기술 사용이 포함된 것이다.

따라서 첨단 기술은 분명 미래와 관련되지만 첨단 기술로 인해 미래를 예측하기가 더 어려워질 수 있다. 지금 시대의 첨단 기술의 대표성을 지닌 AI도 마찬가지다. AI는 분명 미래에 어떤 모습과 형태로든 존재하리라는 생각, 즉 예측되는 미래 속에 포함되어 있지만, AI로 인해 미래가 어떻게 될지 예측하기는 더 어렵다. AI의 등장을 두고 줄곧 이런저런 기대와 우려가 곳곳에서 이어지는 모습이 이를 보여 준다.

AI에 의한 불확실성의 상상

AI와 같은 첨단 기술이 야기할 미래를 정확히 예측하기 힘들다는 점은 전문가들 사이에서도 인정하고 있는 바다. 일례로, 2023년 3월에 현재의 기술 발전 속도로 인해 '인공지능에 대한 통제력 상실'을 우려한 각계의 전문가들이 인공지능 개발(AI 훈련)을 6개월간 중단하자는 취지의 공개서한을 발표한 일이 있었다. 여기에는 신경망과 딥러닝 분야의 세계적 석학 요슈아 벤지오(Yoshua Bengio) 교수와 같은 현재 인공지능 연구에서 중요한 역할을 담당하고 있는 이는 물론이고 테슬라 최고경영자 일론 머스크(Elon Reeve Musk)나 애플의 공동 창업자 스티브 워즈니악(Steve Wozniak) 등과 같은 관련 산업을 선도하고 있는 기업인까지 포함되어 있었다. 이들은 인공지능 기술의 발전이 가져올 변화에 대해 현재로서는 정확히 예측할 수 없는 지금의 상황에 기반하여 현시점에서 인류가 통제할 수 있는 기술의 정도를 점검하기 위해 공개서한을 발표하였다(이진욱, 2024, p.141).

실제로 최근에는 AI 시스템의 활용 시나리오에서 발생 가능한 상황과 그에 대한 객관적 확률을 측정하고자 하는 '불확실성 정량화 기술'이 등장하였다. 불확실성도 세분화하여 모델의 구조나 학습 과정에서 발생하는 불확실성을 나타내는 인식론적 불확실성(Epistemic Uncertainty)과 데이터의 수집 과정에서 발생하는 내재적 불확실성(Aleatoric Uncertainty)으로 나누어 논의되기도 한다. 이러한 모습은 다양한 분야에서 AI가 빠르게 적용되고 동시에 복잡도가 증가하게 되면서 '신뢰할 수 있는 인공지능'에 대한 관심이 증가하고 있기 때문이다(신지태 · 황혜경, 2022). 특히 AI와 관련된 신뢰의 문제는 곧 AI 자체가 초래하는 불확실성도 존재한다는 말이다.

이러한 현상을 간단히 표현해 보면, AI에 의한 혹은 AI가 함께할 우리의 미래를 잘 모르겠다는 말이다. 확신에 의한 미래 예측은 물론이고 적어도 통제 가능한 수준이 어느 정도인지도 가늠하기 힘들다. 이는 곧 미래의 불확실성을 말한다. AI가 우리를 상상하게 하는 것은 여러 가지가 있지만 그중에는 불확실성도 해당될 수 있다.

사실, 대중이 AI에 대해 이해하고 있는 정도나 이해하고 있다면 정확하게 이해하고 있는 정도, 그리고 앞으로 변화 등에 대해 자신 있게 답할 수 있는 사람은 많지 않다. 아니, 거의 없을 것이다. 사회적 이슈가 되고 위신을 위해 또는 미래와 연관되어 있다는 생각에서 어느 정도 알고 있어야 하기 때문에 아는 수준일 뿐 아직 AI가 함께할 미래는 잘 모른다. 그래서 AI는 우리에게 불확실성을 떠올리게 한다. 특히 어떻게 될지 모를 미래에 대해 더욱 그렇다.

참고문헌

서정임(2014). 생명윤리에서 위험과 불확실성: 개념과 적용. ≪생명윤리≫, 15(2), 69-82쪽.

신지태·황혜경(2022). 『최신 AI 불확실성 정량화 동향 및 시사점』. ≪AI Network Lab 인사이트≫, 14, 한국지능정보사회진흥원.

이진욱(2024). 인공지능 기술이 인간의 인식에 미치는 영향에 대한 고찰 - 빌렘 플루서의 인코딩 개념을 중심으로. ≪철학·사상·문화≫, 44, 139-160쪽.

08
AI와 긍정성의 상상권력

우리 사회는 긍정의 사회로 불릴 정도로 긍정을 추구한다. 긍정성은 일종의 정당성으로서 역할을 한다. 첨단 기술에 투자하고 발전을 추구하는 것도 그로부터 기대되는 긍정적인 면 때문이다. AI 발전도 AI의 긍정성에 대한 사람들의 수용도가 높을 때 순조롭게 이루어진다. AI가 긍정적인 변화를 낳을 것이라는 기대와 실제 현실화는 다양한 분야에서 목격되고 있다. 그럴수록 AI로부터 비롯되는 긍정성에 대한 우리의 상상도 더 많아지고 있다.

긍정의 사회

긍정은 부정과 대비된다. 모든 경우가 그렇지는 않지만, 통상적으로 긍정은 부정보다 더 선호된다. 긍정을 더 추구하는 모습은 우리 주변에서 볼 수 있는 수많은 자기 계발서의 내용을 보면 쉽게 이해할 수 있다. 각종 격언과 명언을 전하고 다양하게 조언하는 자기 계발서의 궁극적인 지향점은 성장과 진보다. 자기 계발서는 인류의 성장과 진보를 굳건히 믿으며 그렇게 할 수 있고 될 수 있다는 긍정적인 태도를 강조한다(Schaffner, 2022). 심지어 어떤 유명한 자기 계발서를 보면 긍정적인 생각만 하면 저절로 잘 된다는 식의 조언을 책 전반에서 하기도 한다. 이렇게 말하는 그 책이 소위 말하는 세계적인 베스트셀러라는 점은 우리 사회에서 긍정이 갖는 힘이 어느 정도인지 보여 준다. 긍정은 그 단어가 지닌 의미 자체가 주는 이미지로 인해 사람들이 더 추구하는 경향도 있다.

긍정은 생각 및 태도와 같은 주관성에 기초하고 있기 때문에 감정적 전이가 발생하기도 한다. 긍정 바이러스로도 불릴 정도로 누군가가 긍정적인 생각을 하면 다른 사람에게도 영향을 준다. 이 영향은 사실 감정의 조정, 모방이며 일정 부분 사회화나 학습에 의한 것이기도 하다. 긍정적 태도나 사고 등은 만들어지는 것이다(Barrett,

2017). 그렇기에 긍정적인 사고를 지닐 것(또는 만드는 것)을 더 주장하는 것이다. 한 개인이 아니라 사회 전반적으로 확대될 수 있어서다. 이는 긍정이 강조되는 배경이 되기도 하다. 누구나 노력하면 긍정적일 수 있고 다른 사람에게도 좋은 영향을 미칠 수 있다고 강조한다.

그런데 한편으로 보면, 긍정이 유독 강조되는 것은 현재 상황이 긍정적이지 못하기 때문일 수 있다. 현재가 충분히 긍정적이라면 굳이 긍정을 강조할 필요가 없다. 오히려 그 반대일 가능성이 높다. 사회 전반적으로 긍정이 강조되면 사회 전체가 긍정이 요구되는 사회라 할 수 있다. 이럴 때는 가급적 긍정적인 태도와 사고를 지니도록 권유받고 때로는 강요받는다. 각종 활동과 이벤트도 그에 따라 진행되는 경우가 많다.

우리 사회에 긍정이 강조되는 현실에 대해 규범적인 판단을 하려는 것은 아니다. 핵심은 긍정이 강조되고 있는 현실이라는 점이다. 직선형 시간관념에 따르면 우리 인간은 어제보다 오늘, 오늘보다 내일이 더 나아질 것이라는 기대를 안고 있다. 그래서 특히 시간이 내포된 현상이나 사물 등과 관련해서 긍정적인 생각을 더 하는지도 모른다. 실제 긍정적인 사회인가의 여부를 떠나, 우리는 현재 긍정이 강조되는 긍정의 사회에 살고 있다.

정당성으로서 긍정성

긍정성은 일종의 정당성으로서 역할을 한다. 어떤 일을 하려고 할 때 그 정당성은 그 일이 지니는 긍정적인 면에서 비롯된다. 어떤 물건을 사거나 사용하려고 할 때도 마찬가지다. 그 물건이 지닌 긍정성이 있다면 그것이 그 물건의 구입과 사용의 정당성이 된다.

기술 개발도 마찬가지다. 왜 기술 개발을 하는 것일까? 특히 막대한 자금이 필요하고 실패할 수도 있는 기술, 특히 첨단 기술에 왜 투자하는 것일까? 그 기술이 도래할 미래의 긍정적인 효과 때문이다. 조금 더 정확히 말하면 긍정적인 효과에 대한 '기대' 때문이다. 긍정성은 그 효과에 대한 기대만으로도 정당성을 지니는 경우가 많다.

실제로 한 대기업의 경우 사내는 물론이고 외부 지원 연구 과제에서도 새로운 기술에 대한 연구 결과의 실패(목표 미달성)에 대해 책임을 묻지 않는다(경향신문, 2019.2.25.; 한국일보, 2022.4.5). 도전적이고 혁신적인 새로운 기술이 미치는 영향력을 우선 고려하여 그 긍정적인 효과를 더 중요하게 여기기 때문이다. 정부 역시 미래의 긍정성 창출을 위한 혁신적 연구 개발 과제 수행에 유연성을 확대하고 있다(프라임경제, 2024.3.15).

사실, 긍정성 자체가 정당성을 지닌다고 했을 때 중요한 전제가 한 가지 있다. 그때의 긍정성은 긍정성으로 받아들여질 만해야 한다는 점이다. 정말 긍정적이어야 그것이 정당성이 된다. 따라서 긍정성이 정당성이 될 만한 정도의 긍정성의 확실성이 존재해야 한다. 그런데 문제는 기술 개발의 경우 긍정성의 확실성을 사전에 검증할 수 없다. 앞서 말했듯이 기대가 그 역할을 한다. 따라서 긍정성은 정당성을 부여하지만, 아직 알 수 없는 긍정성이기 때문에 가능성을 고려한 형태로 논의되고 회자된다. 바로 이 점에서 가능한 긍정성은 폭넓게 제시되며, 그만큼 긍정성을 생각하는 여지도 넓혀진다.

AI와 긍정성

AI의 발전은 기술력 자체의 한계가 아니라면 정당성의 역할을 하는 AI의 긍정성에 대한 사람들의 수용도가 높을 때 순조롭게 이루어진다. 전혀 긍정적인 영향을 미치지 않은 기술에 대해 국가적 지원을 통한 발전을 장려하지는 않는다. 물론 이미 실현된 것도 있겠지만 기대되고 예측되는 긍정성에 의해 AI의 발전은 계속되고 있다. 여기서 말하는 발전은 주로 AI가 주는 변화에 따른 것으로 현재보다 더 나은 긍정적인 변화를 말하는 것이다. AI 덕분에 우리는 발전을 이끌 사회적 과정을 정확히 파악하고 모두의 안녕(긍정적인 변화)을 위해 사회를 최적화할 수 있다는 생각을 하기도 한다(한병철, 2021).

AI가 우리 삶에 긍정적인 변화를 낳을 것이라는 이런 기대는 다양한 분야에서 점점 더 높아지고 있다. 이런 것도 AI가 할 수 있을지에 대한 의문을 지나 전혀 생각하지 못한 것도 AI가 할 수 있다는 예측이 나오고 있다. 물론 할 수 있다는 것의 결과가 긍정적인 변화일 경우다.

AI를 활용하여 실제 긍정적인 변화를 가져온 사례를 보면, 철강 산업의 경우 스마트 팩토리라는 AI 활용 시스템을 구축하여 제품 생산 과정에서 공장 스스로 제어하는 자동화 시스템을 마련해 두고 있다. 이는 철강 산업에서 중요한 불순물 제거와 관련하여 도움이 된다. 반도체 업계에서는 반도체 생산성 향상을 위해 AI를 활용하고 있는데, 특히 공정의 미세화 과정에서 생기는 문제 해결에 도움이 된다. 금융 분야인 은행권에서는 AI 챗봇과 음성봇을 운영함으로써 보다 효율적이고 효과적으로 맞춤형 답변을 제공하고 있다. 그리고 투자 분야에서는 로봇(Robot)과 투자 전문가(Advisor)의 합성어인 '로보어드바이저'를 활용하고 있다. 이는 AI 머신 러닝을 활용해 포트폴리오를 관리하고 투자 조언을 해 주는 자동화된 투자 플랫폼이다. 한 통계에 따르면, 국내 로보어드바이저의 운용 규모는 2017년 8월 116억 원에 불과했으나 2023년 1월 1조8250억 원 규모로 커졌다. 계약자 수도 2018년 1월(3만9382명) 대비 2023년 1월 기준으로 총 34만5759명으로 증가했다. 5년 만에 9배가량 성장한 것이다. AI 활용 투자에 대한 사람들의 긍정적인 기대가 반영된 것이다. 유통 분야에서는 이커머스 업체들이 AI를 적극 활용하고 있다. 특히 빠른 배송, 정시 배송이 중요하기 때문에 AI 자체적으로 데이터 수집, 분석 시스템을 만들어 날씨, 요일, 프로모션 등 데이터를 분석하고 지역별 주문량을 예측한다. 게임 분야에서는 AI를 활용하여 캐릭터에 지능을 부여하거나 언어 모델을 이용해 자연스러운 대화를 지원하고 있다(장종원, 2024).

그 외에도 생명 공학 분야의 경우 인공지능이 수억 개의 단백질 구조를 예측하기도 했는데, 만일 인간이 수행했다면 수십 년이 걸려도 예측하기도 쉽지 않은 일이다. 그리고 미국에서는 이미 AI가 인간 판사에게 판결을 제안하는 주가 있고, 북유럽의 에스토니아에서는 2019년부터 일부 사건에 대한 판결을 AI 판사에게 맡기고 있다. 산업을 비롯하여 교육, 문화, 외교, 전쟁, 농업, 건설, 소방, 방범, 평가 등에 이르기까지 AI가 적용되는 분야에

제한이 없다. 심지어 AI의 영향이 미치기 어려운 영역으로 분류되곤 하는 종교(예, AI 종교 지도사)와 심리(AI 심리 분석 상담가, AI 사주 등) 분야에서도 활용될 가능성이 높아지고 있다.

이러한 발전 모습은 AI에 대한 긍정적인 변화 체감과 기대에서 비롯된 것이다. 실제로 한 설문 조사에 따르면, AI를 도입해 활용하고 있는 기업에서 AI를 도입하여 기대했던 효과를 얻었다는 응답이 82.4%로 나왔다. 그래서 기업의 31.1%는 월 1000만 원 이상 생성형 AI에 투자할 예정이라고 응답하기도 하였다(IDG, 2023).

AI가 주는 긍정성은 현재 우리가 AI를 논의하고 있다는 자체로부터 충분히 예상될 수 있다. 설사 부정성이 있다고 해도 긍정성이 있기에 추진되고 개발되고 논의되는 것이기 때문이다. 어느 정도로 긍정성이 제대로 잘 실현될 것인가의 문제다. 그래서 우리는 AI를 떠올리며 긍정적 기여에 따른 변화를 생각한다. AI는 최신의 첨단 기술이며 미래에 우리에게 여러 긍정적인 면을 줄 것이라는 생각을 하게 한다. 물론 AI가 초래할 부정성이 없다는 말이 아니다. 부정성을 부정하는 것이 아니라 부정성이 있어도 AI가 주는 긍정성을 떠올리며 맥락에 따라서는 긍정성이 더 부각된다는 것이다. 우리 인간에게 도움이 되는 일을 AI 스스로 학습해 만족도 높게 처리하는 모습이나, 위험한 상황에 AI가 투입되어 해결하는 모습 등은 AI에 의한 긍정성을 떠올리게 한다. AI에 의해 직접 경험한 긍정적 변화에 대한 체감도가 더 높아질수록 AI로부터 비롯되는 긍정성에 대한 우리의 상상도 더 많아질 것이다.

참고문헌

경향신문(2019.2.25). 삼성전자, 실패해도 책임 안 물어…임직원들 '과감한 도전'. https://www.khan.co.kr/ePR/article/201902252020005

장종원(2024.5.8). 산업별 AI 활용 사례. SAMSUNG SDS. https://www.samsungsds.com/kr/insights/ai_use_cases.html

프라임경제(2024.3.15). 정부, 혁신도전형 R&D에 내년도 1조원 투자…혁신법 개정 추진. https://www.newsprime.co.kr/news/article/?no=632000

한국일보(2022.4.5). "실패해도 괜찮다"...삼성이 기초과학에 투자하는 방법. https://www.hankookilbo.com/News/Read/A2022040509500000794

한병철(2021). 전대호 옮김(2023). 『정보의 지배: 디지털화와 민주주의의 위기』. 김영사.

IDG(2023.12.8). 2023 국내 AI 도입 및 활용 현황 조사, SAMSUNG SDS. https://www.samsungsds.com/kr/insights/2023-ai-survey.

html
Barrett, L. F.(2017). *How emotions are made*. Pan Macmillan. 최호영 옮김(2017), 『감정은 어떻게 만들어지는가?』. 생각연구소.
Schaffner, A. K.(2021). *The art of self-improvement*. Yale University Press. 윤희기 옮김(2022). 『자기계발 수업』. 디플롯.

09

AI와 부정성의 상상권력

부정성은 주로 좋지 않은 면을 나타낼 때 사용되지만 여러 관점에서 바라볼 수 있다. 부정성을 무조건 거부하고 회피할 것이 아니라 자연스럽게 여기고 적극적인 수용도 필요할 때가 있다. 때로는 AI의 부정적 사례들을 보면 모두에게 항상 부정적이라고 볼 수 없는 것도 있다. 긍정성과 함께 부정성도 공존하는 것이다. 그래서 우리는 AI를 떠올리며 마냥 AI가 초래할 미래의 긍정적인 면만 생각하는 것이 아니라 부정적인 부정성의 상상도 한다.

부정성에 대한 관점

부정성은 좋지 않은 면을 나타낼 때 사용된다. 긍정과 비교할 때 더욱 그렇다. 하지만 부정성이라고 해서 언제나 좋지 않거나 나쁜 것만을 의미하지는 않는다. 긍정과 비교하여 대체로 좋지 않게 여겨지는 것은 사실이지만, 부정성 있기에 긍정성이라는 말도 성립되듯이 부정성은 그 자체로 존재감을 지니고 있다. 그리고 부정성 자체는 선호되지 않지만 피할 수 없는 부정성은 오히려 기회가 된다. 탈레브(2013)가 제시한 안티프래질(Antifragile)이라는 말처럼 부정성에 해당하는 스트레스, 혼란, 불확실성, 무질서, 가변성으로부터 오히려 유용성이나 이익을 창출할 수도 있다.

부정성은 긍정성과 동전의 양면과 같은 관계가 아니다. 같은 사안에 대해 어떤 측면에서는 부정적이고 어떤 측면에서는 긍정적일 수 있다. 누군가에게는 부정적이지만 또 다른 누군가에게는 긍정적일 수 있다. 또 시간이 지남에 따라 긍정과 부정이 바뀔 수도 있다. 때로는 부정성이 긍정성으로 변할 때도 있다. 상황과 맥락에 따라 다를 수 있다. 따라서 부정적으로 여겨져도 절대적인 부정성으로 단정할 수 없다.

부정성을 무조건 선호하지 않고 거부하고 회피의 대

상으로만 여기는 것은 적절하지 않다. 오히려 부정성은 자연스러움의 일종으로 여기는 것이 옳다. 어느 상황에서나 완벽한 긍정성만을 기대하는 것은 현실적이지 않다. 오히려 부정성을 그대로 받아들이는 것이 더 균형적일 수 있다. 긍정성을 살리는 것도 부정성을 함께 고려하고 수용할 때 가능하다. 특히 우리가 느끼는 감정에서 더욱 그렇다. 어느 한쪽으로 지나친 치우침이 아닌 균형감이 중요하다(Kashdan & Biswas-Diener, 2018). 그런 점에서 볼 때 부정성은 거부하고 회피할 것이 아니라 자연스럽고 적극적으로 수용하는 것이 더 중요하다.

AI와 부정성

AI도 긍정성과 함께 부정성을 지니고 있다. 물론 절대적 부정성이라기보다는 상황과 맥락에 따라 분류되는 부정성으로 여기는 것이 더 옳다. 예를 들면, AI의 부정적 사례로 많이 드는 것이 AI가 인간의 일자리를 빼앗아 간다는 것인데, 이는 어떤 상황에서 누구의 관점인가에 따라 다르게 이해될 수 있다. 레스토랑의 직원 AI가 학습을 통해 손님들의 맞춤별 예약(시간, 테이블 위치 등)을 받고 발레 파킹 시스템을 가동하여 손님의 자동차를 안전하게 옮기고 선호하는 식사 테이블로 안내를 한다면 기존의 직원이 필요 없게 되므로 일자리를 빼앗는 결과를 낳을 수 있다. 그렇게 보면 부정적인 결과로 볼 수 있지만, 한편으로는 직원 AI를 사용하는 것이 비용 측면에서 훨씬 유리하다면 레스토랑 주인 입장에서는 긍정적이다. 이를 두고 어떻게 판단해야 할까? 사실, AI가 일자리를 대체하여 문제가 될 수 있다는 거의 모든 사례는 이와 비슷한 상황에 처해 있다.

또 이런 예도 있다. 우리나라 교육부는 2025년에 AI 디지털 교과서를 도입할 계획을 세웠다. AI 교과서가 학생들에게 맞춤형 교육을 제공하여 교육의 질을 높일 것이라는 이유에서 추진되었다. 도입된다면 세계 첫 AI 교과서가 될 것으로 보고 있다. 하지만 여기에 대해 반대하는 학부모들의 국회 청원이 있었다. 학부모들은 "아이들 문해력이 떨어지고 스마트 기기 중독 등 부작용이 우려된다"며 도입을 유보해 달라고 요청하였다(조선일보, 2024.7.2). 여기에 대해 교육부 장관이 직접 답변하기도 하였다(동아일보, 2024.7.5). 그 나름대로 긍정성의 정당성을 지니고 있어서 AI 교과서를 도입하려고 하지만 다른 한편에서는 부정성을 걱정하고 있다.

사실 모든 것에는 이면이 있기 마련이므로 이러한 부정성은 계속 논의의 대상이 되는 것이 바람직하다. 그렇게 해야 부정성을 최소화하거나 아니면 부정성을 적극 수용하여 더 나은 방안을 찾을 수 있다. 그런데 부정성 중에는 이러한 논의, 즉 긍정성과 부정성이 함께 이루어지는 논의가 아닌 경우가 있다. 애초에 부정성을 목적으로 설계된 경우다.

AI의 등장이 많은 긍정성과 부정성을 아우르고 있지만, 그렇지 않고 전쟁, 무기, 범죄에 집중된 살상 및 피해 목적의 극단적 부정성을 지향하는 경우가 있다. 이는 전쟁, 무기, 범죄 수단으로서 역할에 충실한 AI가 되는 것이다. 직원 AI나 AI 교과서는 긍정성을 정당성으로 삼아 도입 및 적용하려는 가운데 부정적일 수도 있는 사안을 논의하는 것이라면, 전쟁과 무기와 범죄에 사용된 AI는 긍정성으로의 정당성 없이 도입되는 것이다. 설사 적군에 대응하는 아군이라고 할지라도 현대 국제 사회에서 살상 목적의 AI는 바람직하지 않다.

이와 관련하여 AI를 활용한 무기가 국가 간 분쟁에서 실제 활용된 최근의 사례가 있다. AI 로봇 기관총이 특정 인물의 얼굴을 인식하여 공격한 사례다. 실제로 보도에 따르면, 2024년 7월 31일에 팔레스타인 가자 지구의 이슬람 무장 단체 하마스를 이끄는 최고 정치 지도자 이스마일 하니야 암살 사건이나(조선일보, 2024.8.2), 2020

년 11월 이스라엘에 의한 이란 핵 과학자 모센 파크리자데 암살 사건이 AI에 의한 목소리나 얼굴 인식에 따른 것이라고 한다(헤럴드경제, 2021.9.19).

그 외 2024년 현재 러시아와 우크라이나 간 전쟁은 AI를 활용한 '드론 전쟁'으로 불릴 정도로 다양한 드론을 광범위하게 운용하고 있다. 두 나라 모두 일선 부대에 드론 조작용 가상 현실(VR) 고글을 지급하거나 훈련 과정에 드론 과목을 편성하고 있다. AI 기술이 적용된 자율형 로봇까지 전장에 투입되고 있다는 점에서 이를 두고 AI가 인간을 살상하는 것이라고도 표현한다. 자폭형 드론, 무인 전투기, 무인 잠수정, AI 자율 어뢰 등 그 종류도 많다. 실제로 우크라이나군이 공개한 한 영상을 보면, 공격은 인간 오퍼레이터가 아닌, 드론에 탑재된 AI가 스스로 결정한 것이라고 한다. 이렇게 되면 인간을 살상하기 위해 AI를 학습시킨 결과가 된다. 그동안 세계 여러 나라는 AI 무기 체계 개발에 많은 투자를 하면서도 AI 스스로 살상 여부를 결정할 수 있는 무기는 만들지 않았기에 이를 일종의 금기로 봤지만 이제는 금기가 아닐 수도 있다(동아일보, 2024.3.31). 그래서 AI 분야의 대부로 불리는 제프리 힌턴 캐나다 토론토대 명예 교수는 앞으로 10년 내에 자율적으로 인간을 죽이는 로봇 병기(킬러 로봇)가 등장할 것으로 예상했다(헤럴드경제, 2024.3.10). 이처럼 부정성의 자연스러움이 아닌 극단적 부정성은 AI 발전에서 끊임없이 경계되어야 할 사항이다.

그래서 이런 부정성, 즉 극단적 부정성은 물론이고 긍정성이 있지만 부정성의 정도가 강하거나 부정성으로 악용될 우려가 있는 것들에 대한 한 방안으로 규제가 등장하고 있다. 일례로 2023년 6월에 유럽 연합(EU)은 AI 규제 법안을 본회의에서 통과시켰는데, 주요 내용은 각국 정부가 AI를 활용하여 시민들을 감시하지 못하게 하는 것이다. 공공장소 등에서 안면 인식 기술을 사용해서 시민들을 감시하거나 이를 사법 당국이 수사에 활용하는 행위를 금지하는 것이다(조선일보, 2023.9.12).

그 이외에도 미국의 경우 바이든 대통령이 안전성, 보안성, 신뢰성 있는 AI의 개발 및 사용에 대한 행정 명령에 서명하고 이에 기반한 후속 이니셔티브를 발표하였고, 영국의 과학혁신기술부(DSIT)도 '친혁신적 AI 규제 접근' 백서를 발표하였다. 캐나다도 AI 시스템 개발 및 활용에 필요한 새로운 규정 도입을 위해 'AI 및 데이터 법안'을 발의하는 등 각국에서 AI 관련 규제 노력이 이루어지고 있다(강진원 · 김혜나, 2024).

우리나라에서도 현행 법령상 '인공지능'이라는 문언

이 규정되어 있는 법령은 50개(2024. 6. 25. 기준)고, 이 중 각 부처의 조직과 직무 범위에 관하여 규정하고 있는 직제 성격의 규정을 제외하면 인공지능에 관하여 실질적으로 규율하고 있는 법령은 23개(「행정기본법」, 「개인정보보호법」, 「공직선거법」, 「전자정부법」 등)다. 2024년 현재 국회에서는 AI에 초점을 맞춘 소위 말하는 AI법(AI 기본법)의 입법화를 위해 노력하고 있는 중이다(법제처 미래법제혁신기획단, 2024).

이와 같이 우리는 긍정성에 기댄 AI의 발전을 목격하고 체감하면서도 동시에 상황과 맥락에 따라 긍정성과 부정성이 판별되는 경험도 하고 있다. 특히 전쟁과 분쟁이 지속되는 국제 소식을 들을 때면 AI를 활용한 극단적 부정성의 사례에 대해서도 듣게 된다. AI로부터 나오는 부정성은 미래의 장밋빛 AI만이 여겨지는 상황에서는 더욱 강력한 인상이 될 수 있다. 그런 점에서 우리는 AI를 접하고 생각하면서 동시에 부정성에 대해서도 인식하고 상상한다. 모든 이슈가 AI로 수렴될 정도라고 일컫는 요즘의 상황에서는 오히려 AI에 의한 부정성이 더 눈에 띌 수 있다. 그럴수록 AI에 관한 우리의 상상도 그로부터 영향을 받는다.

참고문헌

강진원·김혜나(2024). EU 인공지능(AI) 규제 현황과 시사점. ≪KISTEP 브리프119≫. 한국과학기술기획평가원.

동아일보(2024.3.31). 인류 역사상 AI가 인간 살상한 첫 전투 벌어졌다. https://www.donga.com/news/article/all/20240331/124238975/1

동아일보(2024.7.5). 교육부 "세계 첫 'AI 디지털교과서' 도입"…학부모 "아이들 디지털중독 우려돼". https://www.donga.com/news/article/all/20240705/125790987/1

법제처 미래법제혁신기획단(2024). 『인공지능(AI) 관련 국내외의 법제 동향』. 법제처.

조선일보(2023.9.12). "AI 부작용 막아라"'… 개발 규제 나선 세계. https://www.chosun.com/economy/tech_it/2023/09/12/CVYES52IUJBC5HRXMLLLGVM5HU/

조선일보(2024.7.2). 세계 첫 AI 교과서 준다는데, 부모는 "싫다". https://www.chosun.com/national/education/2024/07/02/3UXBEBUMYVABXOIK24I2BB5B4E/

조선일보(2024.8.2). 하니예 방만 '쾅'… "목표물 식별 AI폭탄 원격조종" NYT 보도 파장. https://www.chosun.com/international/international_general/2024/08/02/FCAUEL5CYVGPHGZ7MQKKO6WZLI/

헤럴드경제(2021.9.19). "이란 핵과학자, 원격 AI 로봇 기관총 공격에 숨졌다". https://news.heraldcorp.com/view.php?ud=20210919000084&pos=naver

헤럴드경제(2024.3.10). 제프리 힌턴 "10년내 킬러 로봇 등장할 것".

https://news.heraldcorp.com/view.php?ud=20240310050127

Kashdan, T. B. & Biswas-Diener, R.(2015). *The upside of your dark side*. Penguin Publishing Group. 강예진 옮김(2018). 『다크사이드: 감정의 어두운 면을 전략적으로 사용하는 기술』. 한빛비즈.

Taleb, N. N.(2012). Antifragile: Things that gain from disorder. Random House. 안세민 옮김(2013). 『안티프래질: 불확실성과 충격을 성장으로 이끄는 힘』. 와이즈베리.

10
AI 상상권력의 미래

직선적 시간 개념 속에 살고 있는 인간에게 미래는 무한하다. AI는 지금도 발전하고 있고 미래에도 발전할 것으로 예상되므로 AI의 미래도 끝이 없을 것이다. 특히 AI는 '지능'이고, 상상을 동반하는 권력의 속성 때문에 미래에도 계속될 것이다. 이런 AI는 진화되는 지능에 의해 우리 인간이 상상할 수 있는 새로운 거리를 계속해서 만들 것이다. 그렇게 되면 상상하게 하는 권력 작용의 사례는 더 많아질 것이고, 이는 AI 상상권력 작용이 강화됨을 의미하는 것이다.

AI의 끝나지 않는 미래

미래는 끝이 없다. 직선적 시간 개념 속에 살고 있는 인간에게 미래는 무한하다. 지구가 멸망하지 않는 한 미래는 계속된다. 이런 상황에서 AI는 지금도 발전하고 있고 미래에도 발전할 것으로 예상되므로 AI의 미래도 끝이 없을 것이다. 그에 따른 AI 상상권력의 미래도 끝이 없다. 다만 미래의 시점을 어디에 놓는가에 따라 구분된 논의는 가능하다.

물론 AI가 없어질 수도 있다. 그렇다면 AI가 없어지는 그 시점에 AI도 사라지고 AI 상상권력도 종료될 것이다. 하지만 두 가지 점에서 그렇지 않을 가능성이 더 높다. 즉 AI가 사라질 가능성은 비교적 낮다. 하나는 AI가 '지능'이기 때문이고, 다른 하나는 상상을 동반하는 권력의 속성 때문이다.

우선, AI가 지능이라는 점이 AI의 종료 자체를 불가하게 할 가능성이 높다. AI는 지능이기 때문에 생존과 번영을 위한 스스로의 지능 작동을 멈추지 않을 것이다. 오히려 인간 지능을 넘어설 정도로 발전할 수도 있어서 생존의 문제는 이미 넘어섰을 수도 있다. 실제로 '지능의 폭발'이라는 말이 있다. AI의 지식이 기하급수적으로 늘어나는 것을 말하는데, 일부에서는 AGI(Artificial General

Intelligence)가 순식간에 배움을 거듭해서 짧은 시간 내에 초지능(superintelligence)으로 진화할 가능성을 말하기도 한다(조선일보, 2024.5.24). AI의 사라짐이 아닌 인간 지능을 넘는 AI의 출현도 가능하다는 것이다. 스스로 학습과 자력에 의한 생존이 가능해지면 그것을 만든 인간과는 별개로 새로운 터를 구축해 나갈 수 있다. 현재 국・내외적으로 AI 발전에 대한 투자 상황을 보면 정도의 문제일 뿐 실현 가능성은 높다. 그렇게 본다면 AI가 사라질 가능성은 낮다.

다음으로, 권력의 속성에서 볼 때 역시 AI의 상상권력은 계속될 것이다. 권력은 행사되면 그대로 끝나 버리는 것이 아니다. 특히 권력 행사가 반복적으로 이루어졌다면 권력 행사의 행위는 끝나더라도 그 영향은 지속된다. 권력 행사자가 자신의 의지와 의도를 권력 대상자에게 투영하여 지속시키는 것이 권력이기 때문에 반복적으로 행해졌다면 그 지속성은 더 강해진다. 특히 자율성에 기반한 권력 행사는 그 지속성이 더 강하다. 자율성에 기반한 권력은 권력 대상자가 스스로 자신이 원해서 자발적으로 '그렇게' 하는 것이라고 믿기 때문에 오히려 적극적이고 자신들의 의무라고 생각하기도 한다(김민주, 2021, pp.137-138). 여기서 말하는 '그렇게' 하는 것이란 권력 행사자가 권력 대상자에게 가하여 권력 행사자가 원하는 방향으로 하는 것을 말한다. 스스로 자발적으로 원해서 하는 것으로 각인되면 권력 행위가 없어진다 해도 그 각인된 인식까지 없어지는 것은 아니다. 오히려 자발적 행위의 반복은 인식을 더욱 고착시킨다. 예를 들어, AI로 인해 우리가 전문성이나 미래성 등과 연관지어 상상하는 것은 현대 사회를 살아가면서 AI에 대해 그 정도는 알아야 한다거나 그와 연관해서 떠올릴 수 있어야 한다고 스스로 생각하는 것이다. AI에 의해 상상하게 되는 것이 자연스러워지면 설사 AI가 없어져도 상상에 의해 생긴 인식은 남아 있다. 그리고 그 인식은 가시적 대상물을 찾기 위해 사라진 AI를 다시 되살릴 수도 있다.

이렇게 볼 때 AI에서 비롯되는 미래는 끝나지 않았다. AI에 의한 상상권력 역시 지속될 것이다. 우리가 AI로부터 상상하는 것들은 미래에서 역시 또 이어지는 미래를 시점으로 상상하게 될 것이다.

상상권력의 강화

상상권력은 상상을 하게 하는 것에서 가시적으로 드러내 보이는 활동까지 더해지면 더 강력해진다. 눈에 보이지 않는 권력 작용도 영향력이 크지만 그와 동시에 가시적 실현이 동반된 실체로 보여 주면 인간의 인지 강화력은 더 높아진다. 특히 AI의 장점으로 언급되던 내용이 실제로 구현되면 더욱 그렇다. 그 장점은 추가된 장점으로 이어질 것으로 예상하는 또 다른 상상을 하게 한다.

예를 들면, AI가 학습할 수 있는 정보와 데이터의 양이 증가하면 현재 수준에서 추가된(업그레이드된) 지능을 지닌 AI가 구현되며 그로부터 이어지는 상상을 이끌 것이다. 또 휴대폰 또는 노트북과 같은 전자기기에 신경망 칩(NPU, Neural Processing Unit)을 설치하여 인터넷 연결을 하지 않아도 생성형 AI를 구동할 수 있게 하는 온디바이스(on-device) AI 기술처럼 기존에 생각하지 못했던 획기적인 방식의 AI도 새로운 상상을 불러올 것이다. 그리고 어느 한 분야에 적용된 AI가 그대로 다른 분야에도 적용 및 응용 가능하다고 하면 역시 분야를 넘나들면서 상상하게 할 것이다.

이러한 모습은 데이터를 중요한 자원으로 삼는 AI가 현재는 물론이고 미래에도 이어질 데이터 홍수(data deluge) 시대와 함께하기 때문에 더욱 그렇다. 흔히 디지털 중심 융합 패러다임으로 불리는 시대가 열리면서 우리는 현재의 시대를 데이터 홍수 시대라고 말하고 동시에 실질적으로 쓸 만한 지식이 부족하다는 지식의 가

뭄(knowledge drought) 시대라고도 말하는데(이창용, 2023), 이는 결국 더 많은 데이터의 필요를 말하는 것이다. 이미 데이터가 많지만 쓸 만한 것이 없으니 더 유의미한 지식이 될 데이터를 찾게 되면서 결국 더 많은 데이터가 또 만들어질 것이다. AI는 스스로의 지능을 위해, 또는 스스로의 지능으로(또는 AI 개발을 하는 인간의 지능으로) 이런 데이터의 홍수와 지식의 가뭄 속에서 끊임없이 필요한 자원을 찾을 것이고 그에 따라 상상을 하게 할 업그레이드, 새로운 기술, 여러 분야 적용 등의 모습을 보일 것이다.

따라서 AI 상상권력의 한계는 없다. AI에 의해 상상하게 되는 주체인 인간의 상상력의 한계는 있을 수 있어도 AI가 이를 한계 짓지는 않을 것이다. 앞서 언급했듯이 AI는 지능이기 때문에 진화되는 지능에 의해 우리 인간이 상상할 수 있는 새로운 거리(something)를 계속 더 만들 것이다. 그렇게 되면 상상하게 하는 권력 작용의 사례와 빈도가 더 많아질 것이다. 이는 AI 상상권력 작용이 계속 강화됨을 의미한다.

참고문헌

김민주(2021). 『자치와 보이지 않는 권력』. 박영사.

이창용(2023). 인공지능의 개념 및 공공부문 활용 사례: 주요 접근법 소개 및 향후 연구 방향에 대한 제언. ≪한국행정학보≫, 57(3), 395-425쪽.

조선일보(2024.5.24). [홍성욱의 과학 오디세이] [56] 지능의 폭발. https://www.chosun.com/opinion/specialist_column/2024/05/20/YZT7O7AARZDLJFX4KNJNUSA2DY/

김민주

동양대학교 동두천캠퍼스 공공인재학부 교수다. 고려대학교에서 행정학 박사학위를 취득했다. 공공인재학부장, 한국행정학회 운영이사, 국회도서관 자료추천위원단 위원, 경인행정학회 연구위원장, 국가평생교육진흥원 독학 행정학 분과위원회 위원, 경기북부병무지청 정책자문위원회 위원, 경기도 동두천양주교육지원청 공적심사위원회 위원, 동두천시의회 공무국외활동 심사위원회 위원, 동두천시 정책자문위원회 위원, 동두천시 선거관리위원회 선거방송토론위원회 위원 등 그 외 여러 위원회의 위원을 역임했거나 위원으로 활동 중이다. 지은 책으로는 『관료의 언어와 이미지 생산』(2023), 『면접지배사회에서 살아가기』(2022), 『자치와 보이지 않는 권력』(2021), 『행정계량분석론』 제2판(2021), 『호모 이밸루쿠스』(2020), 『재무행정학』(2019), 『공공관리학』(2019), 『시민의 얼굴 정부의 얼굴』(2018), 『정부는 어떤 곳인가』(2017), 『문화정책과 경영』(2016), 『평가지배사회』(2016), 『원조예산의 패턴』(2014) 등이 있다. 이 중 2권(『관료의 언어와 이미지 생산』, 『원조예산의 패턴』)은 대한민국학술원의 우수도서로 선정되었고, 또 다른 2권(『호모 이밸루쿠스』, 『문화정책과 경영』)은 세종도서로 선정되었다. 평가, 권력, 이미지, 재무 행정, 문화 정책, 관리 등에 관심을 가지고 있다. minju0803@gmail.com

AI 면접원 전화조사

AI문고

인공지능 시대입니다. 기계가 인간의 인지를 대신하고, 사물이 인간을 통하지 않고 다른 사물과 직접 커뮤니케이션합니다. 이에 따른 인간 삶과 문명 변화를 정확히 이해 · 예측 · 대응하는 것은 이 시대 우리 모두의 과제입니다. AI문고는 인공지능 기술과 환경의 여러 주제를 10가지 키워드로 정리합니다. 관련 개념과 이론, 학계와 산업계의 쟁점, 우리 일상의 변화를 다룹니다. 인간과 기술의 현재, 미래를 세심히 분석합니다.

일러두기

- 인명, 작품명, 저서명, 개념어 등은 한글과 함께 괄호 안에 해당 국가의 원어를 병기했습니다.
- 외래어 표기는 현행 어문규정의 외래어표기법을 따랐습니다.
- 아직 시장이 태동하기 전이지만, 기술적 가능성에 방법론적 상상력을 더해 미래 조사 현장의 변화를 미리 그려 보았습니다.

처음이세요?

전문가세요?

AI 면접원 전화조사

오승호

대한민국, 서울, 커뮤니케이션북스, 2026

AI 면접원 전화조사

지은이 오승호
펴낸이 박영률

초판 1쇄 펴낸날 2026년 1월 16일

커뮤니케이션북스(주)
출판 등록 2007년 8월 17일 제313-2007-000166호
02880 서울시 성북구 성북로 5-11
전화(02) 7474 001, 팩스(02) 736 5047
commbooks@commbooks.com
www.commbooks.com

ISBN 979-11-430-1662-1 03500

책값은 뒤표지에 표시되어 있습니다.

차례

목소리의 진화: AI 면접원 전화조사의 모든 것

여론조사는 사회의 목소리를 듣는 민주주의의 핵심 인프라였고, 지난 한 세기 동안 전화조사는 그 중추를 담당했다. 그러나 21세기에 접어들면서 이 전통적 방식은 처절한 위기에 직면했다. 막대한 인건비와 시설 유지 비용이 드는 노동 집약적 산업이라는 경제적 한계, 스팸 전화에 대한 피로감으로 인한 응답률의 급락, 그리고 인간 면접원의 개입으로 발생하는 통제 불가능한 편향(면접원 효과)이라는 삼중고가 전화조사를 '황혼기'로 내몰았다. 이제 응답자 한 명을 얻는 비용은 감당할 수 없는 수준으로 폭등했고, 과학적 신뢰도마저 의심받는 상황에 이르렀다.

이 절체절명의 순간, AI 면접원은 인공지능이라는 기술적 권능을 등에 업고 구원자로 등장했다. AI는 인간 면접원의 인건비를 거의 0에 가깝게 만들고, 24시간 내내 수많은 전화를 동시에 걸 수 있는 압도적인 효율성을 제공하며 조사의 경제학을 근본적으로 뒤바꿨다. 나아가, AI는 프로그래밍된 스크립트를 단 하나의 오차도 없이 모든 응답자에게 완벽하게 동일한 방식으로 전달함으로써, 인간의 감정이나 컨디션으로 인한 편차, 즉 '인간적 노이즈'를 이론적으로 제거하는 혁신을 가져왔다. 이는 데이터의 일관성과 신뢰성을 비약적으로 높이는 가장 명쾌한 해결책이었다.

하지만 이 새로운 '목소리 혁명'은 단순히 비용과 정확성의 문제 해결에 그치지 않고, 우리가 이제껏 마주하지 못했던 더 깊은 질문을 던진다. 기술이 인간의 약점을 극복한 것은 분명하지만, 인간만이 가질 수 있는 소통의 가치는 어디로 가는가? 숙련된 면접원이 응답자의 불안한 목소리에 공감하며 형성하는 '라포(rapport)', 즉 인간적인 신뢰와 유대감은 AI가 완벽히 재현할 수 있는가? 또한, "잘 모르겠다"는 답변 뒤에 숨겨진 응답자의 진짜 생각을 유연하게 파고드는 '프로빙(probing)'이라는 인간 지성의 정수 역시 단순한 알고리즘으로 대체될 수 있는가?

우리는 지금 '더 효율적이지만 덜 인간적인' 기계의 목소리와, '더 인간적이지만 비효율적인' 인간의 목소리가 대결하는 조사 방법론의 최전선에 서 있다. 이 책은 AI 면접원의 눈부신 기술적 잠재력과 명백한 한계를 균형 있게 탐구하고, 효율성이라는 제단 위에 우리가 무엇을 희생하고 있는지 냉정하게 성찰하는 시작점이 되고자 한다.

여론조사의 황혼: 전통적 전화조사의 거대한 위기

오늘날 AI 면접원이라는 기술적 대안이 급부상하게 된 배경에는, 지난 한 세기 동안 여론조사의 꽃이라 불렸던 인간 면접원 기반 전화조사가 마주한 처절한 위기가 자리 잡고 있다. 21세기에 들어 전화조사는 세 가지 거대한 적, 즉 막대한 비용, 응답률의 급격한 하락으로 인한 무응답 편향, 그리고 피할 수 없는 면접원 효과라는 삼중고에 직면하며 황혼을 맞이했다.

노동 집약적 산업의 경제적 딜레마

첫 번째 적은 눈덩이처럼 불어나는 '비용'이다. 전화조사는 본질적으로 대규모의 인적 자원이 투입되어야 하는 노동 집약적 산업이다. 하나의 조사를 수행하기 위해서는 수십, 수백 명의 면접원을 고용하고, 그들을 교육하며, 전화조사실을 운영하는 데 막대한 비용이 든다. 면접원의 급여라는 직접 비용뿐 아니라, 채용, 교육, 관리 감독, 시설 유지 보수, 통신 장비 등 복잡하고 거대한 비용 구조를 전제한다.

하지만 이러한 고비용 구조는 21세기에 들어 더욱 심각한 문제에 봉착했는데, 바로 '응답률의 급격한 하락'이다. 과거 유선 전화가 보편적이었던 시대에는 전화가 중요한 소통 창구였기에 조사에 대한 협조율이 비교적 높았다. 그러나 오늘날에는 발신자 정보 표시(Caller ID)와 스팸 차단 애플리케이션의 보편화가 응답자가 원치 않는 전화를 손쉽게 걸러낼 수 있는 방어막을 제공했다. 만연한 보이스피싱과 텔레마케팅으로 인한 극심한 피로감 때문에 사람들은 낯선 번호의 전화를 받는 것 자체를 기피하는 경향이 극심해졌다. 그 결과, 과거에는 열 통의 전화를 걸면 서너 명이 응답했지만, 이제는 단 한 명의 유효한 응답을 얻기 위해 수십, 때로는 수백 통의 전화를 걸어야만 하는 것이 냉정한 현실이 되었다. 이는 면접원 대부분의 시간이 실제 조사가 아닌, 거절당하고 다시 전화를 거는 비생산적인 활동에 소모됨을 의미했다. 이처럼 응답률이 곤두박질치자, 응답자 한 명을 얻는 데 드는 비용은 과거와 비교할 수 없을 정도로 폭등했다. 전화조사의 경제성은 급격히 악화되었고, 양질의 전화조사는 소수의 거대 자본만이 감당할 수 있는 사치품이 되어버렸다. 결국 많은 중소 연구 기관이나 학계 연구자들은 비용의 장벽 앞에서 전화조사를 포기하고, 더 저렴하지만 데이터의 질이 떨어지는 다른 방법으로 눈을 돌리게 되는 가장 큰 원인이 되었다.

인간적 변수: 통제 불가능한 노이즈

두 번째 적은 더 교활하고 본질적인 문제인 '편향'이다. 인간 면접원은 결코 완벽하게 중립적인 기계가 아니다. 면접원의 성별, 나이, 억양, 말투, 심지어는 그날의 기분과 같은 통제 불가능한 변수들이 응답자의 답변에 미묘하지만 체계적인 영향을 미치는 '면접원 효과(Interviewer Effect)'가 발생한다. 이는 조사의 과학적 신뢰도를 훼손하는, 피할 수 없는 '인간적 오류'다. 예를 들어 면접원의 성별, 연령, 사회 경제적 배경, 그리고 가치관은 응답자와의 상호작용 속에서 데이터의 품질에 미묘하지만 깊은 영향을 미친다. 특히 정치적이고 당파적인 이슈와 같은 민감한 주제에 대해 응답자는 자신과 다른 지역이나 연령대의 면접원 앞에서 자신의 솔직한 생각을 숨기고 사회적으로 바람직해 보이는, 즉 차별적이지 않은 답변을 할 가능성이 높다. 또한 면접원의 태도와 기대 역시 중요한 변수다. 특정 답변에 대해 미세하게 긍정적인 반응("아, 그러시군요")을 보이거나, 특정 질문을 무의식적으로 더 강조하여 읽는 것만으로도, 응답자에게는 '정답' 혹은 '기대되는 답변'에 대한 신호로 작용하여 답변을 왜곡시킬 수 있다. 물론 모든 조사 기관들은 이러한 편향을 최소화하기 위해 면접원들에게 모든 질문을 토씨 하나 바꾸지 않고 정확히 그대로 읽고, 어떤 응답에도 중립적인 태도를 유지하도록 엄격한 '표준화 교육'을 실시한다. 하지만 수십 수백 명의 면접원 모두가 장시간의 근무로 인한 피로와 각기 다른 감정의 변화 속에서, 언제나 100% 동일한 기계처럼 행동하도록 만드는 것은 현실적으로 불가능에 가깝다. 결국, 인간 면접원이 존재하는 한, 조사 결과에는 실제 민심의 변화와 함께 우리가 완벽하게 통제할 수 없는 '면접원으로 인한 노이즈(noise)'가 항상 섞여 있을 수밖에 없다.

마지막으로, 이 모든 것을 가능하게 했던 '연결' 자체가 위협받기 시작했다. 사람들은 더 이상 낯선 번호의 전화를 받지 않으며, 기꺼이 자신의 시간을 내어 사회에 대한 의견을 말해주던 시민적 미덕은 점점 희미해져 갔다. 이 현상은 비단 한국만의 문제가 아니다. 전 세계적으로 스마트폰의 보편화와 함께 낯선 번호에 대한 심리적 장벽이 높아졌고, 사람들은 문자로 소통하는 데 더 익숙해졌다. 결국 인간의 목소리는 진실을 전달하는 가장 강력한 도구인 동시에, 그 자체로 비용과 편향, 그리고 단절이라는 거대한 딜레마에 빠진 것이다.

기술의 출사표: AI 면접원이라는 새로운 대안

AI 면접원은 바로 이 삼중고에 대한 가장 급진적이고 명쾌한 기술적 해결책으로 등장했다. 이는 수십 년간 축적된 기술적 발전이 임계점을 넘어 폭발한 결과다. 초기의 AI가 인간이 만든 수많은 규칙을 입력해야만 작동하는 '전문가 시스템'에 가까웠다면, 21세기 AI의 핵심은 방대한 데이터 속에서 스스로 패턴을 학습하는 '딥러닝' 혁명에 있다.

AI의 귀: 음성 인식(ASR) 기술

AI의 '귀' 역할을 하는 음성 인식(ASR) 기술은 수백만 시간 분량의 인간 음성 데이터를 학습하며 소음과 사투리 속에서도 맥락을 파악할 만큼 정교해졌다. ASR는 사람의 목소리라는 복잡한 아날로그 음성 파동을 컴퓨터가 처리하고 분석할 수 있는 디지털 텍스트 데이터로 변환하는 기술이다. 전화조사 환경은 고품질 마이크를 사용하는 스마트폰 환경과 달리 음질이 현저히 낮고 잡음이 섞이는 경우가 많아 ASR에 더 어려운 과제를 제시한다.

따라서 AI 면접원 시스템에 탑재되는 ASR 엔진에는 전화 통화라는 특수한 저품질 음성 환경에 특화된, 고도의 소음 제거 기술과 압축된 음성 신호 복원 기술이 함께 적용되어야 실용적인 성능을 확보할 수 있다. 이처럼 AI의 '귀'가 얼마나 밝고 예민한지가, 전체 대화의 품질을 결정하는 첫 단추가 된다.

AI의 뇌: 자연어 이해(NLU) 기술

AI의 '뇌'에 해당하는 자연어 이해(NLU) 기술은 인터넷의 무한한 텍스트를 통해 인간 언어의 복잡한 문법과 숨겨진 의도를 이해하는 법을 터득했다. NLU는 단순히 단어의 사전적 의미를 파악하는 것을 넘어, 문장의 구조와 문맥, 그리고 그 안에 숨겨진 응답자의 진짜 '의도(Intent)'를 파악하려는 시도다. 예를 들어, NLU 시스템은 '개체명 인식(Named Entity Recognition)'을 통해 "저는 A 후보의 새로운 부동산 정책에 대해 반대합니다"라는 문장에서 'A 후보'와 '부동산 정책'을 정확히 식별하고, '의도 분류(Intent Classification)'를 통해 "그 정책은 세금을 너무 많이 올리는 것 아닌가요?"라는 답변에서 '세금'이라는 핵심 개체에 대한 '우려' 또는 '반대'의 의도를 이해한다. NLU를 통해 파악된 응답자의 의도는 '대화 관리 시스템(Dialogue Manager)'으로 전달되어 전체 대화의 맥락과 상태를 기억하고, 미리 설계된 대화 흐름도에 따라 AI의 다음 행동을 결정하는 '컨트롤 타워' 역할을 한다.

AI의 입: 음성 합성(TTS) 기술

마침내, AI의 '입'인 음성 합성(TTS) 기술은 특정 성우의 목소리를 수십만 문장 학습하여, 감정과 뉘앙스까지 모방하는 수준에 이르렀다. 딥러닝 기반의 현대 TTS 기술, 이른바 '신경망 TTS'는 실제 성우의 목소리 데이터를 학습하여, 마치 사람이 말하듯 음성의 파형을 처음부터 새롭게 생성해 낸다. 그 결과, 인간과 거의 구별하기 어려운 수준의 놀랍도록 자연스러운 목소리를 실시간으로 만들어낼 수 있게 되었다. 좋은 AI 면접원의 목소리는 단순히 발음만 정확한 것을 넘어, 대화의 맥락에 맞는 적절한 '운율(Prosody)'을 구사할 수 있어야 한다. 즉, 민감한 질문을 던질 때는 차분한 톤으로, 조사 시작을 알릴 때는 밝고 친근한 톤으로 말하는 식이다.

AI 면접원은 이 기술적 진보를 바탕으로 기존 전화조사의 두 가지 아킬레스건을 해결한다. 첫째, '압도적인 비용 효율성'이다. AI는 인간 면접원의 인건비를 거의 0

에 가깝게 만들고, 한번 개발되면 거의 0에 가까운 한계 비용으로 수만, 수십만 통의 전화를 동시에 수행할 수 있다. 이는 조사의 경제학을 근본적으로 바꾸는 것이다. 인간 면접원 모델이 '조사원 수 × 시간'에 비례해 비용이 증가하는 고전적인 가변 비용 구조라면, AI 면접원은 초기의 높은 개발 비용 이후에는 통신비를 제외한 추가 비용 없이 무한에 가깝게 조사를 확장할 수 있는 모델이다. 둘째, '완벽한 표준화'다. AI 면접원은 프로그래밍된 스크립트를 단 하나의 오차도 없이, 모든 응답자에게 100% 동일한 목소리 톤과 속도, 억양, 그리고 질문과 질문 사이의 쉼까지 완벽하게 동일하게 전달한다. 이는 인간의 감정이나 컨디션이라는 변수를 원천적으로 차단하여 '면접원 효과'를 이론적으로 완벽하게 제거하고, 측정의 일관성을 최고 수준으로 높여 데이터의 신뢰성을 비약적으로 향상시킨다.

제단 위에 바쳐지는 것들: 인간적 소통의 가치

하지만 이 눈부신 기술적 해결책이 과연 만병통치약일까? 우리는 비용과 편향 문제만 해결하면 좋은 조사를 얻을 수 있다고 자신할 수 있을까? 바로 이 지점에서 우리는 기술의 효율성이라는 제단 위에 무엇이 제물로 바쳐지고 있는지 냉정하게 살펴봐야 한다.

라포 형성: 보이지 않는 신뢰의 다리

숙련된 인간 면접원의 진정한 가치는 단순히 질문을 정확하게 읽는 데 있지 않다. 그 가치는 대본에 없는 인간적 상호작용 속에서 발현된다. 응답자의 불안한 목소리를 감지하고, "천천히 말씀하셔도 괜찮습니다"라며 따뜻한 말 한마디를 건네며 형성하는 '라포(rapport)', 즉 인간적인 신뢰와 유대감의 가치가 바로 그것이다. 라포의 본질은 '안전한 대화 공간'을 만드는 데 있다. 좋은 라포가 형성되면, 응답자는 자신의 답변이 어떻게 평가받을지에 대한 사회적 불안감에서 벗어나, 질문의 내용에 온전히 집중하고 자신의 생각을 솔직하게 표현할 수 있게 된다. 이는 결과적으로 더 길고, 더 성실하며, 더 깊이 있는 답변으로 이어져 데이터의 질을 근본적으로 향상시킨다. 숙련된 인간 면접원은 단순히 기계처럼 질문만 순서대로 읽는 것이 아니라, 응답자의 목소리 톤, 말의 속도, 그리고 순간의 망설임과 같은 '준언어적(paralinguistic)' 신호를 민감하게 포착하여 응답자의 심리 상태를 파악한다. 그리고 상대방의 말에 진심으로 공감하는 반응을 보이거나("아, 그러셨군요"), 적절한 맞장구를 치는 등, 딱딱한 조사 분위기를 부드럽고 인간적인 대화의 장으로 만들어 나간다.

프로빙: '왜'를 묻는 인간 지성의 정수

"잘 모르겠다" 혹은 "그저 그렇다"는 응답자의 모호한 답변 이면에 숨겨진 진짜 생각을 파고드는 유연한 '프로빙(probing)', 즉 탐침 질문의 기술은 인간 지성의 정수다. 미숙한 면접원은 모호한 답변을 그대로 기록하는 데 그치지만, 좋은 면접원은 대화의 흐름을 깨지 않으면서도 더 구체적이고 깊이 있는 정보를 얻어내기 위한 중립적인 추가 질문을 던진다. 이는 일방적인 심문이 아니라, 응답자가 자신의 생각을 더 명확하게 탐색하고 구체화하도록 돕는 협력적인 인지 활동에 가깝다. 예를 들어, "그 정책은 별로예요"라는 답변에 대해, "혹시 어떤 점에서 별로라고 생각하시는지 조금만 더 말씀해 주시겠어요?"라고 묻는 것은 '상세화 프로빙(elaboration probe)'이다. 이처럼 대화를 더 깊은 차원으로 이끌어가는 능력은 미리 짜인 대본과 결정 트리(decision tree)에 따라 엄격하게 움직이는 현재의 AI 면접원에게는 거의 불가능한 과제다. 인간 면접원의 프로빙 능력은 단순히 규칙을 따르는 것이 아니라, 대화의 맥락, 사회적 통념, 그리고 인간 심리에 대한 깊은 이해를 바탕으로 가장 적절한 질문을 즉흥적으로 만들어 내는 창의적이고 유연한 문제 해결 능력에 기반한다.

현재의 AI는 이러한 능력이 근본적으로 부재한다. AI는 프로그래밍된 공감의 '표현'을 흉내 낼 수는 있지만, 응답자가 처한 구체적인 상황과 감정을 진정으로 '이해'하고 그에 맞춰 즉흥적으로 반응하지는 못한다. 예를 들어, 응답자가 자신의 어려운 처지에 대해 길고 복잡한 이야기를 털어놓을 때, AI는 그 이야기의 감정적 맥락을 이해하지 못하고 다음 질문으로 넘어가려는 기계적인 모습을 보일 수 있다. 이는 응답자에게 무례하고 차갑다는 인상을 주어 라포 형성을 심각하게 방해하며, 결과적으로 데이터의 질을 떨어뜨리는 요인이 된다. AI의 어설픈 공감 시도는 오히려 '불쾌한 골짜기(uncanny valley)' 현상을 유발하여, 진정한 소통이 아닌 기만당하고 있다는 느낌을 주어 응답자의 마음을 닫게 만들 수도 있다. AI 면접원은 어쩌면 전통적 조사의 오랜 병폐를 해결하는 구원자일지도 모른다. 그러나 동시에, 인간과 인간 사이의 소통이라는, 측정 불가능한 깊이를 상실하게 만드는 또 다른 문제의 시작일 수도 있다.

새로운 위험: 보이지 않는 윤리적 딜레마

AI가 수집하는 데이터의 본질은 더 심각한 문제를 내포하고 있다. AI 면접원 조사는 기존의 설문 데이터와 더불어, 응답자의 고유한 목소리 특징이 담긴 '음성 데이터' 원본과, 응답 과정에서 드러나는 감정 변화나 망설임과 같은 '준언어적 데이터'까지 모두 저장하고 분석할 수 있다.

데이터 소유권과 프라이버시: 목소리가 가진 위험한 정보

목소리는 지문이나 홍채처럼 개인을 식별할 수 있는 고유한 '생체 정보'에 해당하며, 그 자체로 감정, 건강 상태, 피로도, 연령, 성별 등 훨씬 더 풍부한 2차 정보를 담고 있다. 만약 이 음성 데이터가 유출되거나 오용된다면, 보이스피싱과 같은 범죄에 악용될 수 있으며, 특정인의 목소리를 위조하여 여론을 조작하는 데 사용될 수도 있다. 이러한 데이터의 민감성은 유럽의 GDPR와 같은 현대 데이터 보호법의 핵심 원칙인 '데이터 최소화'와 '목적 제한'을 엄격히 적용할 것을 요구한다.

감정적 조작과 투명성의 부재

응답자의 목소리 톤을 분석하여 그의 감정 상태를 추론

하고, 이를 바탕으로 설득 전략을 바꾸는 '감정적 조작(Emotional Manipulation)'의 가능성마저 열려 있다. 예를 들어, AI가 응답자의 목소리에서 망설임을 감지하고, 더 확신에 찬 톤으로 질문을 반복하여 응답을 유도하는 방식은 과연 윤리적인가? 이는 응답자를 존중해야 할 대화의 파트너가 아닌, 통제하고 관리해야 할 대상으로 전락시킬 수 있다는 심각한 우려를 낳는다. 만약 기술이 발전하여 인간과 AI의 목소리를 전혀 구별할 수 없게 된다면, 우리는 자신이 기계와 대화하고 있다는 사실조차 인지하지 못한 채 심리적 분석을 당하고, 그에 맞춰 조종당할 위험에 처하게 될지도 모른다. 이는 응답자의 '알 권리'와 '자기 결정권'을 침해하는 명백한 기만행위이며, 연구 윤리의 핵심인 '사전 동의(Informed Consent)' 원칙에 정면으로 위배된다. 이러한 투명성의 부재는 사회 전체의 신뢰를 무너뜨릴 수 있다. 이처럼 AI 면접원이라는 새로운 도구는 효율성과 정확성을 넘어, 인간의 자율성과 존엄성에 대한 근본적인 위협이 될 수 있는, 우리가 이제껏 한 번도 마주한 적 없는 새로운 윤리적 딜레마다.

이 책의 로드맵: 목소리를 향한 여정

이 책은 바로 이 '새로운 목소리'가 가져올 혁명과 딜레마, 그 모든 것을 탐험하는 긴 여정이다. 'AI 면접원 전화조사'라는, 기술 공학과 사회 과학이 만나는 가장 흥미롭고 역동적인 최전선을 깊이 있게 탐구하는 종합적인 안내서가 되고자 한다. 독자들이 이 새로운 기술의 잠재력과 명백한 한계를 균형 잡힌 시각으로 이해하고, 미래의 여론 조사가 나아갈 방향을 함께 고민하도록 돕는 것이 이 책의 궁극적인 목표다. 이 책은 총 10개의 장에 걸쳐 체계적인 로드맵을 제시한다.

1단계. 기초 다지기: AI 면접원의 본질 이해

모든 탐구는 정확한 정의에서 출발한다. 먼저 전통적 전화조사가 왜 깊은 위기에 처했는지 그 역사적, 사회적 배경을 살핀다(1장). 이어서 AI 면접원이 사람처럼 듣고(ASR), 생각하고(NLU), 말하는(TTS) 핵심 기술의 원리를 탐구하여 이 새로운 도구의 작동 방식과 잠재력, 그리고 내재적 한계를 명확하게 파악한다(2장). 이 단계는 독자가 기술에 대한 막연한 환상이나 공포에서 벗어나, 현실에 기반한 비판적 시각을 갖추도록 돕는다.

2단계. 실행력 갖추기: 성공적인 조사의 설계와 구축

탄탄한 기초 위에 실무 역량을 쌓는 단계다. AI 조사를 위한 설문지가 어떻게 선형적 목록을 넘어 상호작용적인 '대화형 시나리오'로 설계되어야 하는지 그 기술을 탐구하고(3장), 실제 조사가 기획, 시스템 구축, 테스트, 현장 관리를 거쳐 어떻게 실행되는지 그 전 과정을 체계적으로 안내한다(4장). 나아가 수집된 정량, 텍스트, 음성 데이터를 어떻게 분석하여 의미 있는 통찰을 얻는지 그 방법을 제시한다(5장). 이 단계는 아이디어를 실제 데이터로 만들어 내는 구체적인 방법론을 제공한다.

3단계. 역량 심화하기: 인간과 기계의 비교 분석

이제 AI 조사의 가장 어려운 과제이자 핵심인 신뢰도 문제에 정면으로 맞선다. AI와 인간 면접원이 수집한 데이터 품질이 실제로 어떻게 다른지 객관적인 연구 사례를 통해 비교하고(6장), AI가 결코 따라올 수 없는 라포 형성, 프로빙 등 인간 고유의 강점을 심층 분석하며(7장), AI가 어떻게 더 인간다워지려 노력하는지 그 기술적 시도와 한계를 살펴본다(8장). 이 단계는 기술의 명암을 균형 있게 이해하도록 돕는다.

4단계. 전문가로 거듭나기: 윤리적 성찰과 미래 조망

마지막으로, 실무 전문가로서 갖춰야 할 역량과 미래를

내다보는 통찰력을 기른다. AI 면접원 조사가 야기하는 투명성, 프라이버시, 책임 소재 등 새로운 윤리적 딜레마를 정면으로 다루고(9장), 인간과 AI가 협업하는 미래의 조사 환경 속에서 우리가 지켜야 할 민주적 가치가 무엇인지 조망하며 이 책의 긴 여정을 마무리한다(10장). 이 단계는 독자가 기술의 사용자를 넘어, 책임 있는 설계자이자 비평가로 거듭나도록 이끈다.

더 나은 소통을 향한 제언

이 책의 모든 논의는 궁극적으로 하나의 질문으로 수렴한다.

> 어떻게 하면 AI 면접원이라는 새로운 기술을 통해 더 많은 사람들의 목소리를 더 깊이 있게 듣고, 더 나은 의사 결정을 내릴 수 있는가?

이 질문에 답하기 위해, 이 책은 AI 면접원이 인간을 대체하는 것이 아니라, 인간의 약점을 보완하고 강점을 극대화하는 파트너로서 공존해야 한다고 역설한다. 기술의 성공은 단순히 정교한 알고리즘에만 달려 있는 것이 아니라, 탄탄한 방법론적 이해와 투철한 윤리 의식의 결합을 통해 이루어진다. 미래에 필요한 전문가는 단순히 AI를 다루는 기술자가 아니라, 기술의 잠재력과 한계를 깊이 이해하고, 연구의 목적에 맞춰 인간과 기계의 협업을 최적으로 설계하며, 그 과정에서 발생하는 윤리적 문제에 책임 있게 대처할 수 있는 '비판적 기술 전문가(critical technologist)'다.

궁극적으로 이 기술이 마주한 도전은 기술적인 것이 아니라 인간적인 것이다. 완벽하게 듣는 기계를 만드는 것이 최종 목표가 아니라, 다른 사람의 목소리를 더 잘 듣는 사회를 만드는 것이 목표가 되어야 한다. AI 면접원이라는 도구의 가치는 그것이 얼마나 효율적인가에 의해서가 아니라, 그것이 우리 사회가 서로의 목소리에 더 귀 기울이고, 공동체의 문제를 해결하기 위한 더 현명한 대화를 촉진하는 데 얼마나 기여하는가에 의해 평가될 것이다. 기술적 전문성과 윤리적 통찰력을 겸비할 때, 비로소 우리는 기계의 목소리를 통해 인간의 목소리를 지우는 것이 아니라, 오히려 더 많은 인간의 목소리가 존중받고 선명하게 울려 퍼지게 만들 수 있을 것이다. 이 책과 함께, 새로운 목소리가 가진 빛을 좇되 그림자를 외면하지 않는 지혜로운 여정을 시작하기를 바란다.

01
전통적 전화조사의 위기와 AI 면접원의 등장

20세기를 풍미했던 전화조사는 21세기에 들어 막대한 '비용'과 심각한 '무응답 편향', 그리고 피할 수 없는 '면접원 효과'라는 삼중고에 직면하며 깊은 위기에 빠졌다. AI 면접원 전화조사는 바로 이러한 전통적 조사의 한계를, 압도적인 비용 효율성과 완벽한 표준화라는 기술적 해결책을 통해 극복하려는 시도다. 하지만 이는 동시에, 효율성이 과연 데이터의 질을 담보할 수 있는가라는 새로운 질문을 우리에게 던진다.

기후 위기와 인공지능?

인간 면접원의 높은 비용과 낮은 효율성

전통적인 전화조사가 마주한 가장 명백하고 시급한 위기는 '비용'의 문제다. 전화조사는 본질적으로 대규모의 인적 자원이 투입되어야 하는 노동집약적 산업이다. 하나의 조사를 수행하기 위해서는 수십 수백 명의 면접원을 모집하고, 이들에게 조사의 목적과 설문지의 상세한 내용, 그리고 면접 과정에서의 돌발 상황 대처법까지 교육하는 데 상당한 시간과 비용을 투자해야 한다. 뿐만 아니라 이들이 근무할 수 있는 물리적인 '전화조사실' 공간을 마련하고, 통신 장비와 관리 시스템을 유지하는 데에도 막대한 인프라 비용이 지속적으로 발생한다. 이는 단순히 면접원의 급여라는 직접 비용을 넘어 채용, 교육, 관리 감독, 시설 유지 보수에 이르는 복잡하고 거대한 비용 구조를 전제한다.

이러한 고비용 구조는 21세기에 들어 더욱 심각한 문제에 봉착했는데, 바로 '응답률의 급격한 하락'이다. 과거 유선망이 소통의 주류였던 시절에는 전화조사가 시민의 의견을 수합하는 가장 효율적인 창구였다. 하지만 디지털 통신 환경의 변화는 이 전통적 방식에 강력한 제동을 걸었다. 발신자 정보 표시와 스팸 차단 앱의 확산은 응답자가 조사를 위한 접근 시도를 손쉽게 필터링할 수 있는 기술적 장벽을 제공했다. 여기에 만연한 보이스피싱에 대한 사회적 피로감이 더해지며, 대중은 낯선 번호의 수신 자체를 회피하게 되었다.

결국, 단 한 명의 유효 응답자를 확보하기 위해 수백 통의 무의미한 발신을 반복해야 하는 비효율이 발생했다. 이는 면접원의 노동 시간 중 대부분이 실제 데이터 수집이 아닌, 거절 확인과 재다이얼이라는 비생산적 활동에 매몰됨을 의미한다. 이러한 구조적 변화는 응답 완료 건당 비용을 전례 없는 수준으로 폭등시켰다. 전화조사의 경제적 타당성이 급격히 악화되면서, 양질의 조사를 수행할 수 있는 역량은 막대한 자본을 보유한 소수 기관으로 집중되었다. 이는 조사 결과가 특정 자본에 종속되는 공공성 위축 문제를 낳았으며, 예산의 한계에 부딪힌 학계와 중소 연구자들은 데이터의 대표성이 결여된 저비용 온라인 조사 등으로 내몰리게 되었다. 결국 전통적 방식은 비용 효율적이라는 과거의 지위를 완전히 상실한 채 '황혼기'를 맞이하게 된 것이다. 이로서 전화조사는 '비용 효율적인' 조사 방법이라는 과거의 명성을 완전히 상실했다.

'면접원 효과': 사람이라서 생기는 피할 수 없는 편향

비용보다 더 근본적이고 방법론적으로 심각한 문제는 바로 '면접원 효과(Interviewer Effect)'라는 딜레마다. 이는 면접원이라는 '사람'의 존재 자체가 응답자의 답변에 체계적인 영향을 미쳐 발생하는 모든 종류의 측정 오차를 의미한다. 즉, 조사 결과가 순수하게 응답자의 의견만을 반영하는 것이 아니라 '누가 물었는가'에 따라 결과가 달라지는 현상을 말한다. 면접원은 결코 감정이 없는 중립적인 로봇이 아니며, 각기 다른 성별, 연령, 억양, 사회 경제적 배경, 그리고 가치관을 가지고 있다. 이러한 면접원의 인구 통계학적, 심리적 특성들은 응답자와의 상호작용 속에서 데이터의 품질에 미묘하지만 깊은 영향을 미친다.

면접원 효과의 가장 대표적인 형태는 응답자가 면접원 앞에서 자신을 더 긍정적이거나 규범적인 사람으로 보이게 하려는 '사회적 바람직성 편향(Social Desirability Bias)'이다. 예를 들어, 지역감정과 같이 민감한 주제에 대해, 응답자는 자신과 다른 지역의 면접원 앞에서 자신의 솔직한 생각을 숨기고 사회적으로 바람직해 보이는, 즉 차별적이지 않은 답변을 할 가능성이 높다. 이는 특히 태도나 가치관과 관련된 질문에서 더욱 두드러지게 나타나며, 조사의 측정 타당도를 심각하게 훼손한다.

인간 면접원은 조사의 유연성을 제공하지만, 동시에 측정의 정확성을 저해하는 '면접원 효과'라는 본질적인 변수를 수반한다. 면접원이 특정 답변에 대해 "아, 그렇군요"와 같이 미세하게 긍정적으로 반응하거나 질문의 특정 어휘를 강조하여 읽는 행위는 응답자에게 '기대되는 답변'에 대한 신호로 작용한다. 이는 결과적으로 응답의 방향성을 왜곡시키는 심각한 측정 오차를 발생시킨다.

모든 조사 기관은 이러한 편향을 억제하기 위해 토씨 하나 바꾸지 않는 표준화 교육을 시행하지만, 인간의 인지적 한계는 이를 완벽히 이행하는 데 제약을 준다. 장시간 반복 업무에서 오는 피로와 개인의 감정 상태는 모든 응답자에게 동일한 자극을 전달해야 하는 표준화의 원칙을 무너뜨린다. 결국 인간이 매개하는 조사 과정에서는 실제 민심의 지표와 함께, 통제 불가능한 '인간적 노이즈'가 항상 데이터에 혼입될 수밖에 없는데 이것이 바로 전통적 전화조사가 가진 피할 수 없는 과학적 한계다.

AI 면접원의 탄생: 비용과 편향 문제의 기술적 해결책

AI 면접원 전화조사는 바로 이 두 가지 근본적인 문제, 즉 '비용'과 '편향'에 대한 가장 급진적인 기술적 해결책으로 등장했다. AI 시스템은 초기 구축 이후, 한계 비용이 거의 제로에 가까운 상태로 수만 건의 통화를 동시에 수행할 수 있는 압도적인 확장성을 보여 준다. 이는 면접원 수와 노동 시간에 비례하여 비용이 증가하던 기존의 가변 비용 모델을 근본적으로 해체하는 비즈니스 모델의 전환이다. 또한 시간적 제약 없이 24시간 가동이 가능하므로 응답률이 가장 높은 골든타임에 조사를 집중시켜 효율성을 극대화할 수 있다. 이는 인간 면접원을 고용하고 전화 조사실을 운영하는 데 드는 막대한 비용을 획기적으로 절감시킨다. 또한 AI 면접원은 24시간 365일 지치지 않고 일할 수 있어, 사람들이 가장 편안하게 전화를 받을 수 있는 저녁이나 주말 시간대에 조사를 집중적으로 수행하여 효율성을 극대화할 수 있다. 이러한 압도적인 생산성은 소규모 연구자나 지방자치단체 등 과거 비용 문제로 조사를 포기했던 주체들에게 새로운 기회를 제공한다.

AI가 제공하는 가장 본질적인 가치는 바로 '측정의 완전한 표준화'에 있다. AI 면접원은 프로그래밍된 시나리오를 바탕으로 모든 응답자에게 100% 동일한 운율, 속도, 억양, 그리고 문장 간의 쉼까지 오차 없이 전달한다. 여기에는 면접원의 개인적 배경이나 그날의 기분이 개입할 여지가 원천적으로 봉쇄된다. 이러한 기술적 엄밀성은 면접원 효과를 이론적 수준에서 완벽하게 소거하며, 데이터의 일관성과 신뢰성을 비약적으로 높이는 혁신적인 해결책으로 평가받는다.

이처럼 AI 면접원은 비용과 편향이라는 전통적 조사의 두 가지 아킬레스건을 해결할 수 있는 강력한 잠재력을 가지고 있으며, 이는 단순히 기존 조사의 효율성을 높이는 수준을 넘어, 조사 산업의 비즈니스 모델과 연구 방법론 전체를 바꿀 수 있는 파괴적인 혁신(Disruptive Innovation)으로 평가받는다. 하지만 이 눈부신 기술적 해결책은, 인간적 소통의 부재라는 또 다른 차원의 문제를 제기하며 우리에게 새로운 질문을 던지고 있다. 과연 기계가 수집한 데이터는 인간이 수집한 데이터와 동일한 깊이와 가치를 지닐 수 있는가? 이 책의 여정은 바로 이 질문에 대한 답을 찾아가는 과정이 될 것이다.

참고문헌

Couper, M. P.(2017). New developments in survey data collection. *Annual Review of Sociology, 43*, pp.121～145.

Fowler, F. J., Jr. & Mangione, T. W.(1990). *Standardized survey interviewing: Minimizing interviewer-related error*. Sage Publications.

Groves, R. M.(1989). *Survey errors and survey costs*. Wiley.

Tourangeau, R. et al.(2002). Self-Administered Questions by Telephone: Evaluating Interactive Voice Response. *Public Opinion Quarterly, 66*(2), pp.269～278.

Voice-Agent.ai.(n.d.). AI voice agents for surveys: Why traditional survey methods are no longer sufficient. Voice-Agent.ai Blog. Retrieved May 22, 2024, from https://voice-agent.ai/en/blog/ki-sprachagenten-fuer-umfragen#why-traditional-survey-methods-are-no-longer-sufficient

02
AI 면접원의 탄생과 작동 원리

AI 면접원은 인간의 대화를 모방하는 세 가지 핵심 기술의 결합체다. 음성 인식(ASR) 기술이 사람의 말을 텍스트로 변환하고, 자연어 이해(NLU) 기술이 그 텍스트의 의미와 의도를 파악하며, 이를 바탕으로 생성된 답변을 음성 합성(TTS) 기술이 다시 자연스러운 목소리로 전달한다. 이 세 기술의 정교함과 유기적인 연동 수준이 AI 면접원의 '지능'과 '자연스러움'을 결정하며, 이 중 하나라도 제 역할을 하지 못하면 전체 대화는 실패로 돌아간다.

노래하는 AI 보컬?

AI의 귀: 음성 인식 기술

AI 면접원이 응답자와 의미 있는 대화를 나누기 위한 첫 번째 관문은 사람의 말을 정확하게 알아듣는 것이다. 이 중요한 역할을 하는 것이 바로 AI의 '귀'에 해당하는 '자동 음성 인식(Automatic Speech Recognition, ASR)' 기술이다. ASR는 사람의 목소리라는 복잡한 아날로그 음성 파동을 컴퓨터가 처리하고 분석할 수 있는 디지털 텍스트 데이터로 변환하는 기술을 의미한다. 우리가 스마트폰의 '시리'나 '빅스비', 혹은 인공지능 스피커에게 말을 걸 때 사용되는 바로 그 기술이다. ASR의 정확도는 AI 면접원의 전체 성능을 좌우하는 가장 기본적이고 결정적인 요소다. 만약 AI가 응답자의 말을 제대로 받아 적지 못한다면, 이후의 모든 대화는 엉뚱한 방향으로 흘러가 응답자를 실망시키고 조사의 신뢰도를 떨어뜨릴 수밖에 없다.

ASR 시스템이 음성을 텍스트로 변환하는 과정은 여러 단계의 정교한 연산을 거친다. 먼저, 아날로그 음성 신호는 아주 짧은 시간 단위(보통 10~20ms)로 나뉘어 디지털화된 후, '스펙트로그램(Spectrogram)'이라는 시각적 형태로 변환되어 각 시간대별 주파수 특성이 분석된다. 다음으로 음향 모델(Acoustic Model)이 이 스펙트로그램의 특징을 언어의 최소 단위인 '음소(phoneme)'에 대응시킨다. 예를 들어, '사과'라는 단어는 'ㅅ', 'ㅏ', 'ㄱ', 'ㅗ', 'ㅏ'와 같은 음소들의 조합으로 인식된다. 마지막으로, 언어 모델(Language Model)이 이렇게 추출된 음소의 나열을 바탕으로, 통계적으로 가장 가능성이 높은 단어와 문장을 조합해 낸다. 언어 모델은 "얼음과자"와 "얼음과 자"처럼 발음이 비슷한 단어들을 문맥에 맞게 구분하는 역할을 하므로, 대화의 정확성을 높이는 데 핵심적이다.

하지만 일상적인 환경보다 전화조사 환경은 ASR 기술에 훨씬 더 어려운 과제를 제시한다. 우리가 일상에서 사용하는 스마트폰의 고품질 마이크와 달리, 전화망을 통해 전달되는 음성은 통신 효율을 위해 의도적으로 대역폭이 압축되어 있다. 이 과정에서 음질이 현저히 낮아지고, 종종 예측 불가능한 잡음이 섞이게 된다. 또한 응답자가 있는 환경(TV 소리, 주변 사람들의 대화, 길거리 소음) 역시 통제 불가능한 변수다. 따라서 AI 면접원 시스템에 탑재되는 ASR 엔진에는 전화 통화라는 특수한 저품질 음성 환경에 특화된, 고도의 소음 제거 기술과 압축된 음성 신호 복원 기술이 함께 적용되어야만 실용적인 성능을 확보할 수 있다.

초기의 ASR 기술은 매우 제한적인 환경에서만 작동했다. 하지만 딥러닝 기술의 폭발적인 발전으로 오늘날의

ASR는 비약적인 성능 향상을 이루었다. 과거의 통계적 모델과 달리, 인간의 뇌신경망을 모방한 심층 신경망(Deep Neural Network)은 수십만 시간 분량의 방대한 실제 사람들의 목소리 데이터를 학습한다. 이 과정에서 AI는 다양한 억양과 사투리, 개인의 발음 습관, 말의 속도, 그리고 다양한 종류의 배경 소음까지 스스로 학습하여, 과거에는 불가능했던 수준의 높은 정확도로 음성을 텍스트로 변환할 수 있게 되었다. 이처럼 AI의 '귀'가 얼마나 밝고 예민한지가, 전체 대화의 품질을 결정하는 첫 단추가 된다.

AI의 뇌: 자연어 이해 기술

음성을 텍스트로 성공적으로 변환했다면, 다음 단계는 그 텍스트에 담긴 '의미'를 파악하는 것이다. 이는 단순히 글자를 읽는 것을 넘어 그 안에 숨겨진 진짜 의도를 파악하는 과정으로, AI 면접원의 '뇌'에 해당하는 '자연어 이해(Natural Language Understanding, NLU)' 기술이 이 역할을 수행한다. NLU는 단순히 단어의 사전적 의미를 파악하는 것을 넘어, 문장의 구조, 문맥, 그리고 그 안에 숨겨진 응답자의 진짜 '의도(Intent)'를 파악하려는 시도다. ASR가 '무엇이라고 말했는가(What was said)'

를 다룬다면, NLU는 '무슨 의미인가(What was meant)'를 다룬다.

NLU 시스템은 크게 두 가지 핵심적인 작업을 통해 문장의 의미를 구조화한다. 첫째는 '개체명 인식(Named Entity Recognition)'이다. 이는 텍스트에서 'A 후보', 'B 정책', 'C 회사'와 같은 고유한 이름을 가진 대상을 정확히 식별해 내는 기술이다. 예를 들어, "저는 A 후보의 새로운 부동산 정책에 대해 반대합니다"라는 문장에서 'A 후보(인물)', '부동산 정책(정책)'을 각각의 개체로 정확히 인식해야만, 시스템은 응답자가 무엇에 대해 말하고 있는지 파악할 수 있다. 둘째는 '의도 분류(Intent Classification)'다. 이는 응답자의 발언이 미리 정의된 어떤 종류의 의도를 가지고 있는지를 분류하는 작업이다. 예를 들어, "그 정책은 세금을 너무 많이 올리는 것 아닌가요?"라는 답변을, 단순히 텍스트로만 인식하는 것이 아니라, '세금'이라는 핵심 개체에 대한 '우려' 또는 '반대'의 의도를 가진 발언으로 이해하는 것이다.

NLU를 통해 파악된 응답자의 의도는 '대화 관리 시스템(Dialogue Manager)'으로 전달된다. 대화 관리 시스템은 전체 대화의 맥락과 상태를 기억하고, 미리 설계된 대화 흐름도에 따라 AI의 다음 행동을 결정하는 '컨트롤 타워' 역할을 한다. 만약 응답자가 질문을 되묻는 의도('질문')를 보이면, 대화 관리자는 질문을 반복하거나 추가 설명을 제공하도록 TTS에 명령한다. 만약 응답자가 '찬성' 의도를 보이면, 찬성 이유를 묻는 다음 단계로 대화를 진행시킨다. 이처럼 NLU와 대화 관리 시스템의 유기적인 상호작용이야말로 AI 면접원이 얼마나 '똑똑하게' 대화하고 응답자와 상호작용하는지를 결정하는 핵심적인 요소다.

AI의 입: 음성 합성 기술

응답자의 말을 알아듣고 그 의미를 파악하여 다음 질문을 결정했다면, 마지막 단계는 그 질문을 다시 자연스러운 '목소리'로 전달하는 것이다. 이 역할을 하는 것이 AI의 '입'에 해당하는 '음성 합성(Text-to-Speech, TTS)' 기술이다. TTS는 컴퓨터가 처리한 텍스트 데이터를 인간의 목소리와 매우 유사한 음성 파형으로 변환하는 기술을 말한다.

과거의 TTS 기술은 녹음된 수많은 단어나 음절을 기계적으로 이어 붙이는 '합성 방식(Concatenative TTS)'이었기 때문에, 로봇처럼 딱딱하고 부자연스러운 기계음을 생성하는 수준에 머물렀다. 하지만 딥러닝 기반의 현대 TTS 기술, 이른바 '신경망 TTS(Neural TTS)'는 완전히 다른 방식으로 작동한다. 이는 실제 성우의 목소리 데이터를 수만, 수십만 문장 학습하여, 목소리의 특징과 말하는 방식을 통째로 학습한다. 그 후, 텍스트가 주어지면 마치 사람이 말하듯 음성의 파형을 처음부터 새롭게 생성해 낸다. 그 결과, 인간과 거의 구별하기 어려운 수준의 놀랍도록 자연스러운 목소리를 실시간으로 만들어 낼 수 있게 되었다.

좋은 AI 면접원의 목소리는 단순히 발음만 정확한 것을 넘어, 대화의 맥락에 맞는 적절한 '운율(Prosody)'을 구사할 수 있어야 한다. 운율이란 말의 리듬, 억양, 강세 등을 포괄하는 개념으로, 대화의 의미 전달과 감정 표현에 결정적인 역할을 한다. 즉, 문장의 종류(평서문, 의문문)에 따라 억양을 자연스럽게 바꾸고, 중요한 단어를 강조하며, 적절한 순간에 잠시 멈추는 등 마치 숙련된 인간 면접원이 말하는 것처럼 감정과 뉘앙스를 담아내야 한다. 예를 들어, 민감한 질문을 던질 때는 조금 더 차분하고 신중한 톤으로, 조사 시작을 알릴 때는 밝고 친근한 톤으로 말하는 식이다.

최신 TTS 기술은 연구자가 조사의 목적과 대상의 특성에 맞춰, 남성 또는 여성, 젊은 톤 또는 중후한 톤 등 가장 적합한 목소리를 전략적으로 선택할 수 있게 해 준다. 예를 들어, 금융 상품에 대한 조사라면 차분하고 신뢰감 있는 중년의 목소리가 응답자의 신뢰를 얻는 데 더 유리할 수 있다. 반면, 젊은 층을 대상으로 하는 문화 콘텐츠 선호도 조사라면 밝고 친근한 톤의 목소리가 더 효과적일 수 있다. 이처럼 자연스럽고 신뢰감을 주는 목소리는, 응답자가 기계와의 대화에서 느끼는 심리적 거부감을 줄이고, 조사에 더 깊이 몰입하여 솔직한 답변을 하도록 유도하는 매우 중요한 역할을 한다.

참고문헌

Jurafsky, D. & Martin, J. H.(2020). *Speech and language processing*. Prentice Hall.

Wang, Y. et al.(2017). Tacotron: Towards end-to-end speech synthesis. arXiv preprint arXiv:1703.10135.

Young, S. et al.(2013). POMDP-based statistical spoken dialog systems: A review. *Proceedings of the IEEE, 101*(5), pp.1160~1179.

Voice-Agent.ai.(n.d.). AI voice agents for surveys: Why traditional survey methods are no longer sufficient. Voice-Agent.ai Blog. Retrieved May 22, 2024, from https://voice-agent.ai/en/blog/ki-sprachagenten-fuer-umfragen#why-traditional-survey-methods-are-no-longer-sufficient

03
AI 조사의 설계와 실행: 대화형 시나리오

AI 면접원을 위한 설문지는 더 이상 선형적인 질문 목록이 아니라, 응답자와의 상호작용을 전제로 하는 '대화형 시나리오'로 설계되어야 한다. 이는 사용자의 다양한 답변을 예측하여 대화의 흐름을 여러 갈래로 나누는 '분기 논리(Branching Logic)'를 정교하게 설계하는 것을 의미한다. 또한1 AI가 응답을 잘못 인식했을 때의 '오류 처리' 방식과 응답자의 참여를 유도하기 위한 '대화적 요소'를 포함시켜, 기계와의 대화가 최대한 자연스럽고 막힘없이 이어지도록 만드는 것이 핵심이다.

인공지능과 편향?

선형적 질문에서 비선형적 대화로: 패러다임의 전환

전통적인 설문지는 종이 설문 시대에서부터 이어져 온 '선형적인(linear)' 구조를 근간으로 한다. A 질문 다음에 B 질문, 그 다음에 C 질문으로 이어지는, 모든 응답자가 거의 동일한 경로를 따라가는 일방향적인 목록이다. 이러한 구조는 인간 면접원이 관리하기 쉽고 수집된 데이터를 표준화된 형식으로 정리하기 용이하다는 명확한 장점이 있었다. 하지만 이는 본질적으로 조사자의 편의와 데이터 처리의 효율성을 최우선으로 고려한 방식으로, 응답자의 경험을 희생시키는 측면이 있었다. 응답자는 종종 자신과 전혀 무관한 질문에도 의무적으로 답해야 하는 피로감을 느끼고, 조사자는 응답의 표면적인 답변 너머의 깊은 속내나 예상치 못한 통찰을 발견할 기회를 원천적으로 차단당하곤 했다.

하지만 AI 면접원의 등장은 이러한 조사 설계의 패러다임을 근본적으로 바꾸어 놓았다. AI 조사는 응답자의 답변 내용에 따라 실시간으로 경로가 달라지는, 수많은 갈림길을 가진 '비선형적인(non-linear)' 대화 시나리오를 지향한다. 이는 마치 독자의 선택에 따라 이야기의 결말이 달라지는 '게임북'을 만드는 것과 유사하다. 응답자의 모든 답변은 하나의 '선택'이 되어, 이후의 대화 흐름을 능동적으로 결정한다. "A 정책에 반대한다"고 답한 응답자는 더 이상 A 정책의 세부 사항에 대한 질문을 받지 않고, 반대 이유나 대안에 대한 질문으로 자연스럽게 넘어가게 된다. 이러한 방식은 조사가 자신에게 맞춰져 있다는 '개인화된 경험'을 제공하여 응답자의 더 높은 참여와 몰입을 유도하며, 조사자는 각 개인에게 가장 관련성 높은 질문들을 집중적으로 던짐으로써 데이터의 질과 깊이를 비약적으로 향상시킬 수 있다.

이러한 동적인 대화를 구현하기 위해, AI 조사 설계의 첫걸음은 연구자가 응답자와 AI 사이에 벌어질 수 있는 모든 가능한 대화의 흐름을 미리 상상하고, 이를 체계적인 '대화 흐름도(Conversation Flowchart)'로 시각화하여 설계하는 것이다. 이 흐름도는 단순히 질문의 순서를 나열하는 것을 넘어, 각 질문 노드(node)에서 발생할 수 있는 모든 응답의 경우의 수를 예측하고, 그 각각의 경우에 따라 어떤 다음 단계로 연결되어야 하는지를 명시하는 건축의 '설계도'와 같다. 좋은 대화 흐름도는 질문, 예상 답변, 분기점뿐만 아니라, 특정 조건에서 추가 정보를 제공하는 '정보 노드', 응답자의 답변을 기억하거나 특정 값을 계산하는 '변수 할당 노드', 그리고 대화가 막다른 길에 부딪혔을 때를 대비한 '오류 처리 루프'와 대화의 시작과 끝을 알리는 명확한 지점까지 모든 요소를 정교하게 포함해야 한다.

분기 논리와 시나리오 설계: 대화의 동맥

이러한 비선형적 대화를 기술적으로 구현하는 핵심이 바로 '분기 논리(Branching Logic)' 또는 '조건부 로직(Conditional Logic)'이다. 이는 '만약(IF) 응답자가 A라고 답하면, 그러면(THEN) B 질문으로 넘어가고, 그렇지 않으면(ELSE) C 질문으로 넘어가라'와 같은 규칙들의 집합으로 정의된다. AI 조사 설계자는 이러한 규칙들을 복잡하게 엮어, 응답자의 답변에 따라 수십, 수백 갈래로 뻗어 나가는 정교한 대화 시나리오를 프로그래밍한다. 예를 들어, "A 정책에 찬성하십니까, 반대하십니까?"라는 질문에서, 분기 논리는 다음과 같이 작동한다. 'IF 응답 = "찬성", THEN "찬성_이유_질문"으로 이동', 'ELSE IF 응답 = "반대", THEN "반대_이유_질문"으로 이동', 'ELSE(그 외의 모든 응답), THEN "재질문_혹은_추가정보_제공"으로 이동'. 이처럼 분기 논리는 대화의 흐름을 제어하는 동맥과 같은 역할을 한다.

좋은 시나리오 설계는 단순히 찬반 여부에 따라 다른

질문을 보여주는 수준을 넘어, 더 깊이 있는 상호작용을 만들어 낸다. 특히 2장에서 살펴본 자연어 이해(NLU) 기술은 분기 논리를 한 차원 높은 수준으로 끌어올린다. AI는 자유 응답 질문에 대한 응답자의 답변을 실시간으로 분석하여, 그 내용에 따라 분기를 동적으로 결정할 수 있다. 예를 들어 "A 정책에 대해 자유롭게 말씀해 주세요"라는 질문에, 한 응답자가 "세금 문제가 너무 걱정됩니다"라고 답했다고 하자. AI의 NLU 모듈이 이 답변에서 '세금'이라는 핵심 키워드와 '걱정'이라는 부정적 감성을 포착하면, 시스템은 미리 준비된 수많은 심층 질문 목록 중에서 '세금'과 관련된 질문, 예를 들어 "세금 부담에 대해 우려가 있으시군요. 구체적으로 어떤 종류의 세금(보유세, 양도세 등)이 가장 부담된다고 느끼십니까?"와 같은 고도로 맞춤화된 질문으로 대화를 즉시 이어갈 수 있다. 이는 마치 숙련된 인간 면접원이 상대방의 답변에 맞춰 즉각적으로 더 깊이 파고드는 '프로빙(probing)'을 하는 것과 같은 효과를 낳는다.

이러한 동적 분기 논리는 자유 응답 데이터의 질을 극적으로 향상시킨다. 전통적인 조사에서는 하나의 개방형 질문에 대한 단 하나의 답변만 얻을 수 있었지만, AI 조사는 첫 번째 답변을 기반으로 한 꼬리물기식 심층 질문을 통해 한 주제에 대해 훨씬 더 풍부하고 다층적인 데이터를 수집할 수 있다. "공급 부족"을 언급한 응답자에게는 공급 부족의 원인에 대한 후속 질문을, "대출 규제"를 언급한 응답자에게는 규제의 영향에 대한 후속 질문을 던지는 것이 가능해진다. 이처럼 정교한 분기 논리 설계는 AI 조사를 단순한 자동 응답 시스템을 넘어, 개인화된 심층 인터뷰의 가능성을 가진 강력한 도구로 만들어 준다.

오류 처리와 대화 복구 전략: 대화의 안전망

AI 면접원은 결코 완벽하지 않다. 2장에서 살펴보았듯이, 음성 인식 기술은 여전히 주변 소음이나 응답자의 불분명한 발음 때문에 말을 잘못 알아들을 수 있으며(인식 오류), NLU 기술 역시 응답자의 복잡하고 중의적인 의도를 잘못 해석할 수 있다(이해 오류). 만약 이러한 오류가 발생했을 때 적절하게 대처하지 못한다면, 응답자는 AI가 자신의 말을 이해하지 못한다는 사실에 답답함과 무력감을 느끼고 결국 대화를 중단해 버릴 것이다. 따라서 성공적인 대화 시나리오 설계는, 이러한 필연적인 '오류 처리(Error Handling)' 및 '대화 복구(Dialogue Repair)' 전략을 반드시 포함하여, 기술적 불완전함이 응답 경험을 망치지 않도록 보호하는 튼튼한 안전장치를 마련해야 한다.

가장 기본적인 복구 전략은 AI가 자신의 실수를 인정하고 정중하게 되묻는 것이다. 응답자의 말을 제대로 인식하지 못했을 때, "죄송합니다. 잘 못 들었습니다. 다시 한번 말씀해 주시겠어요?"라고 요청하는 것이 그 예다. 여기서 더 나아가, AI가 자신이 인식한 결과를 응답자에게 먼저 확인받는 명시적 확인(explicit confirmation) 방식을 사용할 수도 있다. "혹시 '경제가 문제다'라고 말씀하신 것이 맞나요?"와 같이 물어봄으로써, AI는 자신의 이해가 정확한지 검증하고, 만약 틀렸다면 응답자가 바로잡을 기회를 제공하여 오해의 소지를 줄일 수 있다. 이는 응답자에게 대화의 주도권을 일부 부여하여, 일방적으로 오해받는다는 불쾌감을 줄여주는 효과가 있다.

또한 여러 번 반복해서 인식에 실패할 경우를 대비한 단계별 비상 계획도 필수적이다. 동일한 오류가 계속될 때 같은 요청을 반복하는 것은 응답자의 인내심을 고갈시킬 뿐이다. 이럴 때는 대화의 방식을 전환하는 유연성이 필요하다. 예를 들어, 2회 연속 음성 인식에 실패할 경우, 시스템은 "음성 인식이 원활하지 않은 것 같습니다. 괜찮으시다면 지금부터는 전화기 버튼을 눌러서 답변해 주시겠어요? 찬성이시면 1번, 반대시면 2번을 눌러주세요"와 같이, 더 간단하고 오류가 적은 응답 방식(DTMF, 즉 버튼 입력)으로 전환하는 옵션을 제공해야 한다. 이는 조사의 완주율을 높이고 수집 데이터의 손실을 최소화하는 매우 실용적인 전략이다. 궁극적으로 잘 설계된 오류 처리 메커니즘은, 응답자에게 "이 시스템이 비록 완벽하지는 않지만, 어떻게든 나의 말을 이해하려고 노력하고 있다"는 인상을 줌으로써, 기술적 한계를 인간적인 배려로 보완하는 역할을 한다.

참고문헌

Allen, J. F.(1995). *Natural language understanding.* Benjamin/Cummings.

McTear, M. (2020). Conversational AI: Dialogue Systems, Conversational Agents, and Chatbots.

Pieraccini, R.(2012). *The voice in the machine: Building computers that understand speech.* MIT Press.

Voice-Agent.ai.(n.d.). AI voice agents for surveys: Why traditional survey methods are no longer sufficient. Voice-Agent.ai Blog. Retrieved May 22, 2024, from https://voice-agent.ai/en/blog/ki-sprachagenten-fuer-umfragen#why-traditional-survey-methods-are-no-longer-sufficient

04
AI 조사의 설계와 실행: 테스트와 검증, 발신과 관리

AI 면접원 전화조사는 '기획 및 시나리오 설계', '시스템 구축 및 테스트', '자동 발신 및 현장 관리'라는 체계적인 단계를 거쳐 실행된다. 특히, AI가 대화의 맥락을 정확히 이해하고 응답할 수 있도록 학습시키는 과정과, 실제 발신 전에 다양한 예외 상황에 대한 철저한 테스트를 거치는 것이 프로젝트의 성패를 좌우한다. 이 모든 과정은 인간의 기획과 AI의 자동화가 결합된 새로운 형태의 프로젝트 관리다.

청각장애인과 AI?

1단계: 기획 및 대화 시나리오 설계

AI 면접원 조사의 첫걸음은 인간 면접원 조사와 마찬가지로, '무엇을, 왜, 누구에게 물을 것인가'를 명확히 하는 '조사 기획' 단계에서 시작된다. 하지만 AI 조사의 기획은 여기서 한 걸음 더 나아가, 조사 방법론 전문가와 AI 기술 전문가 간의 긴밀한 초기 협력을 요구한다는 점에서 근본적인 차이가 있다. 조사 전문가는 측정하고자 하는 개념을 명확히 정의하고, 측정 오차를 최소화할 수 있는 질문의 구조와 표현을 고민한다. 동시에 기술 전문가는 이러한 질문들이 현재의 음성 AI 기술로 구현 가능한지, 어떤 제약 조건이 있는지를 검토한다. 예를 들어, 여러 개의 이미지를 보여 주고 비교 평가하게 하거나, 1분 이상의 매우 길고 복잡한 자유 응답을 요구하는 질문은 현재 기술로는 구현이 어렵거나 데이터 품질을 보장하기 힘들다. 따라서 기획 단계에서부터 "이 질문은 응답자의 인지적 부담이 너무 크지 않은가?"라는 방법론적 질문과 "이 질문에 대한 응답을 현존하는 ASR와 NLU 기술이 안정적으로 처리할 수 있는가?"라는 기술적 질문이 함께 논의되어야 한다.

기획이 완료되면, 3장에서 설계한 대화 흐름도를 바탕으로, AI 면접원이 수행할 모든 대화의 내용을 구체적인

'스크립트(Script)'로 작성하는 단계로 넘어간다. 이 스크립트는 단순히 질문 문장을 나열하는 것을 넘어, '귀로 듣는 대화'에 최적화되어야 한다. 눈으로 읽는 글과 달리, 귀로 듣는 문장은 더 짧고, 간결하며, 명확해야 한다. 복잡한 문장 구조나 어려운 단어는 응답자의 이해를 방해하고 인지적 부담을 가중시키므로 최대한 피해야 한다. 스크립트에는 각 질문 사이에 들어갈 "네, 그렇군요", "답변 감사합니다"와 같은 추임새, 응답을 기다리는 침묵의 시간(초 단위), 그리고 응답을 잘못 인식했을 때의 사과 멘트 등 모든 상호작용이 상세하게 기술되어야 한다. 이는 마치 한 편의 연극 대본을 쓰는 것과 같은 과정으로, AI의 목소리 톤과 페르소나에 맞춰 문체와 단어 선택 하나하나를 신중하게 결정해야 한다.

스크립트 작성과 동시에, 각 질문에 대해 응답자가 할 수 있는 모든 종류의 예상 답변을 미리 정의하고, 각 답변 유형에 따라 AI가 어떻게 반응하고 어떤 다음 단계로 넘어가야 하는지를 나타내는 '대화 규칙(Dialogue Rules)'을 정교하게 설계해야 한다. 예를 들어, 응답자가 질문의 의미를 되묻는 경우('그게 무슨 뜻인가요?')에 대비해, 더 쉬운 용어로 풀어쓴 추가 설명 스크립트를 준비하고 해당 경로로 연결하는 규칙을 만들어야 한다. 또한 응답자가 욕설을 하거나 비협조적인 태도를 보일 경우에 대비한 규칙도 필요하다. ‘IF 욕설 감지 횟수 〈 2 THEN 경고 메시지 재생’, ‘ELSE IF 욕설 감지 횟수 〉= 2 THEN 조사 종료 메시지 재생 후 통화 종료’와 같은 구체적인 규칙을 통해 예외 상황에 시스템이 지능적으로 대처하도록 만들어야 한다. 이 대화 시나리오와 규칙의 완성도가 얼마나 촘촘하고 현실적인가에 따라 AI 면접원의 ‘지능’ 수준이 결정된다고 해도 과언이 아니다.

2단계: 시스템 구축 및 테스트

대화 시나리오 설계가 완성되면, 이를 실제 작동하는 AI 면접원 시스템으로 구현하는 ‘시스템 구축’ 단계에 들어간다. 먼저 2장에서 살펴본 TTS(음성 합성) 기술을 통해, 작성된 모든 스크립트를 자연스러운 목소리로 변환하여 음성 파일로 만든다. 이때 조사의 성격에 맞춰 목소리의 톤, 성별, 연령대 등을 신중하게 선택하여 조사의 페르소나를 결정한다. 다음으로, ASR(음성 인식)와 NLU(자연어 이해) 엔진이 응답자의 다양한 발화를 정확하게 인식하고 그 의도를 파악할 수 있도록 ‘학습(Training)’시키는 과정이 필요하다. 특히 해당 조사에서만 사용되는 고유 명사(예: 특정 정치인 이름, 정책 명칭)나 전문 용어들은 시스템이 잘 인식할 수 있도록 사전에 단어 목록에 등록하여 인식률을 최적화해야 한다. 이 모든 모듈(ASR, NLU, TTS, 대화 관리자)이 API(Application Programming Interface)를 통해 유기적으로 연동되어 하나의 완전한 대화형 AI 시스템이 구축된다.

시스템의 기본 구축이 완료되면, 실제 조사를 시작하기 전에 반드시 '철저한 내부 및 외부 테스트'를 거쳐야 한다. 테스트는 크게 두 가지로 나뉜다. 첫째, '단위 테스트(Unit Test)'다. 이는 연구원들과 개발자들이 직접 시스템과 수십, 수백 번 통화하며, 설계된 대화 시나리오의 모든 분기점이 의도한 대로 정확하게 작동하는지를 하나하나 점검하는 과정이다. 이 단계에서 테스트 담당자들은 의도적으로 시스템을 '괴롭히는' 역할을 한다. AI가 말하는 중간에 끼어들거나, 일부러 불분명한 발음으로 말하거나, 질문과 전혀 상관없는 엉뚱한 답변을 하는 등 온갖 예외적인 상황을 연출하여 시스템의 오류 처리 능력과 안정성을 극한까지 시험한다. 이 과정을 통해 설계도상의 오류를 잡아내고 시스템의 잠재적인 취약점을 보완한다.

둘째, '소규모 파일럿 테스트(Pilot Test)'다. 이는 실제 조사 대상자와 유사한 특성을 가진 소수의 인원(보통 30

~50명)을 대상으로 모의 조사를 실시하여, 실제 대화 환경에서 발생할 수 있는 예상치 못한 문제들을 파악하는 과정이다. 이 단계에서는 기술적 오류뿐만 아니라, '인간적인 경험'의 측면을 집중적으로 점검한다. 예를 들어, 실제 응답자들이 연구자가 예상하지 못했던 새로운 방식으로 답변하여 AI가 인식하지 못하는 경우가 있는지, 특정 질문의 표현이 오해를 불러일으키거나 응답자들을 불편하게 만들지는 않는지, 전체 조사 시간이 너무 길어 응답자들이 중도에 이탈하는 비율이 높게 나타나는지 등을 확인한다. 파일럿 테스트가 끝난 후에는 참여자들을 대상으로 심층 인터뷰를 진행하여 "AI의 목소리가 신뢰감을 주었는가?", "대화가 자연스럽게 느껴졌는가?"와 같은 정성적인 피드백을 수집하기도 한다. 이 테스트 단계에서 발견된 문제들을 모두 수정하고 보완해야만, 수천, 수만 명을 대상으로 하는 대규모 본조사에서 발생할 수 있는 재앙을 막을 수 있다.

3단계: 자동 발신 및 현장 관리

모든 테스트와 보완 작업이 완료되면, 드디어 '자동 발신(Automated Dialing)' 시스템을 통해 본격적인 데이터 수집, 즉 '현장 조사(Fieldwork)'를 시작한다. 자동 발신 시스템은 단순히 순서대로 전화를 거는 것을 넘어, 법규와 응답자 편의를 고려한 지능적인 발신 전략을 수행한다. 너무 이른 아침이나 늦은 밤 시간대를 피해 전화를 걸고, '통화 거절' 의사를 밝힌 응답자에게는 다시 전화하지 않으며, 부재중인 번호에 대해서는 일정한 시간 간격을 두고 재시도하는 등의 규칙이 적용된다. AI 면접원 시스템은 사전에 추출된 표본의 전화번호 목록에 따라, 이러한 규칙 하에 수백, 수천 개의 통화를 동시에 시도하고 관리한다. 이 과정은 더 이상 인간 면접원의 물리적인 노동력에 의존하지 않으므로, 매우 짧은 시간 안에 대규모의 표본 접촉을 효율적으로 완료할 수 있다.

하지만 '자동화'가 '관리의 부재'를 의미하는 것은 결코 아니다. 오히려 AI 조사는 더욱 데이터 기반의 정교한 관리를 요구한다. 연구자와 현장 관리자는 조사가 진행되는 동안, 실시간으로 상황을 모니터링하는 '대시보드(Dashboard)'를 통해 현장을 면밀히 관리해야 한다. 이 대시보드는 단순히 결과만 보여 주는 정적인 보고서가 아니라, 조사 현장의 모든 상황을 실시간으로 보여 주는 조종석과 같다. 총 발신 시도, 통화 성공률, 응답률, 평균 통화 시간과 같은 핵심 성과 지표는 물론, '통화중', '부재중', '응답 거절', '완료' 등 모든 통화의 상태(disposition)

가 상세하게 집계된다. 또한 미리 설정된 성별, 연령, 지역별 할당(quota)의 진행 상황이 실시간 그래프로 시각화되어, 표본이 특정 그룹에 편중되지 않도록 관리할 수 있게 돕는다. 가장 중요한 기능 중 하나는 각 질문별 중도 이탈률을 분석하는 것이다. 특정 질문에서 응답자들이 대화를 중단하는 비율이 급격히 높아진다면, 이는 해당 질문의 표현이나 논리에 심각한 문제가 있음을 알리는 위험 신호다.

이러한 대시보드를 기반으로 한 '실시간 현장 관리'는 AI 조사의 품질을 결정하는 마지막 열쇠다. 현장 관리자는 더 이상 면접원들의 근무 태도를 감독하는 역할이 아니라, 데이터를 분석하고 전략적 결정을 내리는 '데이터 분석가'이자 '프로젝트 전략가'가 된다. 예를 들어, 대시보드에서 특정 집단(예: 20대 남성)의 응답률이 목표치에 현저히 미달하는 것으로 나타나면, 관리자는 해당 집단에 대한 발신 시도를 더 늘리거나, 해당 그룹이 전화를 받을 가능성이 더 높은 저녁 시간대로 접촉 전략을 즉시 수정할 수 있다. 또한 AI가 응답자의 말을 인식하지 못해 대화가 실패하는 비율이 특정 질문 구간에서 급증한다면, 이는 해당 질문의 시나리오 설계나 음성 인식 모델에 문제가 있음을 시사하므로 즉시 시스템을 점검하고 개선 조치를 취해야 한다. 이처럼 AI 조사의 현장 관리는, 인간의 전략적 판단과 데이터 기반의 실시간 모니터링이 결합된 새로운 형태의 프로젝트 관리 역량을 요구하며, 이 과정을 통해 자동화된 시스템의 효율성과 인간의 통찰력이 결합된 최상의 결과를 만들어 낼 수 있다.

참고문헌

Couper, M. P.(2017). New developments in survey data collection. *Annual Review of Sociology, 43*, pp.121～145.

Sutcliffe, R.(2023). A survey of personality, persona, and profile in conversational agents and chatbots. arXiv.

05
AI 조사의 설계와 실행: 데이터 분석

AI 면접원 조사를 통해 수집된 데이터는 기존의 설문 데이터와 더불어, 응답자의 '음성'과 '대화 과정'이라는 새로운 형태의 데이터를 포함한다. 정량 데이터는 전통적인 통계 분석을 통해 처리되지만, AI 조사의 진정한 가치는 방대한 양의 음성 및 텍스트 데이터를 '텍스트 마이닝'과 '음성 감성 분석' 등 AI 기술로 분석하여, 숫자 너머의 깊이 있는 맥락과 감성을 발견하는 데 있다. 데이터의 품질 평가는 이러한 다차원적인 데이터를 종합적으로 고려해야 한다.

AI 콘텐츠 크리에이터?

데이터의 종류: 정량, 텍스트, 그리고 음성

AI 면접원 조사가 성공적으로 완료되면, 연구자의 손에는 과거의 전화조사와는 차원이 다른, 세 가지 종류의 풍부한 데이터가 남게 된다. 첫 번째는 우리에게 가장 익숙한 '정량 데이터(Quantitative Data)'다. 이는 '예/아니오', '1점~5점' 등 표준화된 질문에 대한 응답 결과로, 각 응답은 숫자로 코딩되어 즉시 통계 분석이 가능한 형태다. 이 데이터는 전통적인 통계 분석 방법을 통해 처리되며, 전체 응답의 분포를 파악하고 집단 간의 차이를 비교하는 데 사용된다. AI 조사를 통해 수집된 정량 데이터는 모든 응답자에게 완벽하게 동일한 조건에서 질문이 이루어졌다는 점에서, 인간 면접원의 개입으로 발생할 수 있었던 측정 오차가 최소화되었다는 중요한 품질상의 강점을 가진다.

두 번째는 자유 응답 질문을 통해 수집된 방대한 양의 '텍스트 데이터(Text Data)'다. AI 면접원은 응답자가 말한 모든 자유 응답 내용을 음성 인식 기술을 통해 실시간으로 있는 그대로 텍스트로 변환하여 저장한다. "이 정책에 대해 어떻게 생각하십니까?"라는 질문에 대한 수천 명의 생생한 답변이 모두 날것 그대로의 텍스트 형태로 축적되는 것이다. 이는 기존의 전화조사에서 면접원이 응답자의 말을 듣고 주관적으로 요약하여 기록하던 방식과는 비교할 수 없는 수준의 풍부함과 객관성을 가진다. 면접원의 필터링이나 해석 없이, 응답자의 단어 선택, 문장 구조, 표현 방식이 그대로 보존되므로, 연구자는 여론의 미묘한 결을 훨씬 더 깊이 있게 분석할 수 있는 전례 없는 기회를 얻게 된다.

세 번째는 AI 조사의 가장 독특하고 혁신적인 자산인 '음성 데이터(Voice Data)' 원본이다. AI 면접원은 응답자의 사전 동의하에 전체 통화 내용을 녹음할 수 있다. 이 음성 파일에는 텍스트로 변환된 내용뿐만 아니라, 응답자의 목소리 톤, 말의 빠르기, 망설임, 감탄사 등 텍스트만으로는 결코 알 수 없는 풍부한 '준언어적(paralinguistic)' 정보가 고스란히 담겨있다. 같은 "찬성합니다"라는 답변이라도, 확신에 찬 목소리로 말하는 것과 마지못해 힘없이 말하는 것은 그 의미의 무게가 전혀 다르다. 이처럼 음성 데이터는 텍스트의 '무엇을'을 넘어 '어떻게'의 차원을 담고 있으며, 이는 응답의 이면에 숨겨진 감성과 태도를 분석할 수 있는 새로운 가능성의 문을 열어준다. 이 세 가지 종류의 데이터를 어떻게 통합적으로 분석하고 활용하느냐가 AI 조사 분석의 수준을 결정한다.

텍스트 마이닝을 활용한 자유 응답 분석

수천, 수만 개에 달하는 자유 응답 텍스트를 인간이 일일이 읽고 일관된 기준으로 분류하고 분석하는 것은 거의 불가능하며, 분석가의 주관이 개입될 위험이 크다. 바로 이 지점에서 AI 기술, 특히 '텍스트 마이닝(Text Mining)'이 강력한 힘을 발휘한다. 연구자는 텍스트 마이닝 기술을 활용하여, 인간의 눈으로는 발견하기 어려운 방대한 텍스트 데이터 속에 숨겨진 의미 있는 패턴과 주제를 객관적으로 찾아낼 수 있다.

가장 먼저 활용되는 기법은 '키워드 추출 및 빈도 분석'이다. 이를 통해 사람들이 특정 주제에 대해 이야기할 때 어떤 단어들을 가장 빈번하게 사용하는지 직관적으로 파악할 수 있다. 예를 들어, 정부의 부동산 정책에 대한 불만 사항에서 '세금', '대출', '공급'이라는 단어가 가장 높은 빈도로 등장했다면, 이것이 국민들이 해당 정책과 관련하여 가장 중요하게 생각하는 핵심 쟁점임을 알 수 있다. 다음으로, '토픽 모델링(Topic Modeling)'이라는 더 정교한 기법을 통해, 전체 텍스트 데이터가 어떤 핵심 주제들로 구성되어 있는지를 자동으로 발견할 수 있다. 토픽 모델링 알고리즘은 단어들의 동시 등장 패턴을 통계적으로 분석하여, 관련성이 높은 단어들을 하나의 '토픽'으로 그룹화한다. 예를 들어 '세금', '부담', '보유세', '양도세' 등의 단어들은 '세금 부담 문제'라는 토픽으로, '공급', '아파트', '신도시', '재개발' 등의 단어들은 '주택 공급 부족'이라는 토픽으로 자동으로 묶어준다. 이는 연구자가 미처 예상하지 못했던 새로운 이슈를 발견하거나 여론의 구체적인 구조를 파악하는 데 큰 도움을 준다.

음성 데이터 분석과 감성 인식

음성 데이터 원본은 텍스트를 넘어선 더 깊은 차원의 분석을 가능하게 한다. 최근 급격히 발전하고 있는 '음성 감성 분석(Speech Emotion Recognition)' 기술은 응답자의 목소리에 담긴 음향적 특징(소리의 높낮이, 크기, 빠르기 등)을 정밀하게 분석하여, 그가 현재 '기쁨', '슬픔', '분노', '평온함' 등 어떤 감정 상태에 있는지를 확률적으로 추론한다. 예를 들어, 어떤 정책에 대해 '찬성한다'고 텍스트상으로는 답했더라도, 목소리 톤이 낮고 말의 속도가 느리며 끝을 흐린다면, 이는 확신에 찬 지지가 아니라 다소 마지못해 하는 동의일 수 있음을 시사하는 강력한 증거가 될 수 있다.

또한 응답자가 답변하는 데 걸리는 '응답 지연 시간(Response Latency)'이나, "음…", "어…"와 같은 '간투사

(Filler)'의 빈도를 분석하여, 응답자가 특정 질문에 대해 얼마나 고민하고 망설였는지를 객관적인 수치로 측정할 수 있다. 민감한 정치적 질문 앞에서 유독 응답 시간이 길어지거나 간투사가 증가한다면, 이는 응답자가 사회적 바람직성을 의식하여 답변을 고르고 있거나, 해당 주제에 대해 양가적인 태도를 가지고 있음을 암시할 수 있다. 이러한 음성 데이터 분석은, 응답자가 말한 '내용'뿐만 아니라, 그 내용을 말하는 '방식'까지 분석함으로써, 텍스트만으로는 결코 알 수 없었던 응답의 이면에 있는 미묘한 감성과 확신의 정도를 파악하게 해 주는 새로운 창을 열어준다. 물론, 이러한 기술은 아직 초기 단계이며 그 정확성에는 많은 한계가 있고 문화적 차이에 따른 해석의 오류 가능성도 존재한다. 하지만 이는 미래의 여론 분석이 나아갈 매우 중요한 방향 중 하나다.

품질 평가의 새로운 기준

결론적으로, AI 면접원 조사의 데이터 품질은 단순히 전통적인 '응답률'만으로 평가될 수 없다. 우리는 AI 조사의 고유한 특성을 반영하는 새로운 종류의 품질 지표를 함께 고려해야 한다. 첫째, '음성 인식 성공률'이다. AI가 응답자의 말을 얼마나 정확하게 텍스트로 변환했는가는 데이터의 가장 기본적인 신뢰도를 결정하는 핵심 지표다. 둘째, '대화 완주율'이다. 전체 통화 시도 중, 중도에 끊지 않고 끝까지 대화를 마친 비율을 의미하며, 이는 AI 면접원의 대화 시나리오가 얼마나 자연스럽고 매끄러웠는지, 응답자의 참여를 얼마나 잘 유지했는지를 보여 주는 중요한 지표다. 셋째, '오류 발생률'이다. AI가 응답자의 의도를 잘못 파악하여 부적절한 질문을 던지거나, 대화가 막히는 경우가 얼마나 자주 발생했는지를 측정하여 시스템의 안정성과 지능을 평가한다. 마지막으로, 조사 말미에 "오늘 AI 면접원과의 대화 경험에 얼마나 만족하셨습니까?"와 같은 질문을 통해, 응답자의 주관적인 경험의 질을 직접 평가하는 것도 매우 중요하다. 이처럼 다차원적인 품질 지표를 종합적으로 평가하고 그 결과를 투명하게 공개할 때, 비로소 AI 면접원 조사의 신뢰성이 확보될 수 있다.

참고문헌

Grimmer, J. & Stewart, B. M.(2013). Text as data: The promise and pitfalls of automatic content analysis Methods for political texts. *Political Analysis, 21*(3), pp.267~297.

Jurafsky, D. & Martin, J. H.(2020). *Speech and language processing.* Prentice Hall.

Schuller, B. et al.(2013). The INTERSPEECH 2013 computational paralinguistics challenge: Social Signals, Conflict, Emotion, Autism. *INTERSPEECH*, pp.148~152. 2013.

Voice-Agent.ai.(n.d.). AI voice agents for surveys: Why traditional survey methods are no longer sufficient. Voice-Agent.ai Blog. Retrieved May 22, 2024, from https://voice-agent.ai/en/blog/ki-sprachagenten-fuer-umfragen#why-traditional-survey-methods-are-no-longer-sufficient

06
인간과 기계의 데이터 품질

AI 면접원과 인간 면접원의 데이터 품질을 비교하는 것은 기술의 효용성을 검증하는 핵심 과제다. 여러 실험 연구에 따르면, AI는 '항목 무응답률'을 낮추고 '사회적 바람직성 편향'을 줄여 민감한 질문에서 더 솔직한 답변을 얻는 데 강점을 보인다. 반면 인간 면접원은 더 높은 '응답률'과 '조사 완주율'을 확보하고, 더 풍부한 자유 응답을 이끌어내는 경향이 있다. 둘 사이의 우열을 가리기보다, 각자의 강점과 약점을 이해하고 목적에 맞게 활용하는 지혜가 필요하다.

AI와 민주주의?

궁극의 A/B 테스트: 인간과 기계를 시험대에 올리다

AI 면접원이 전통적 조사의 한계를 극복할 수 있다는 기술적 약속은 과연 사실일까? 이 중요한 질문에 답하기 위해, 전 세계의 조사방법론 연구자들은 인간과 기계를 동일한 조건에서 경쟁시키는 과학적 실험을 수행해 왔다. 이 방법론의 핵심은 '분할 표본 실험(Split-ballot Experiment)'으로, 흔히 IT 업계에서 말하는 'A/B 테스트'와 동일한 원리다. 이는 특정 변수(여기서는 '면접원의 유형')의 효과를 가장 순수하게 측정하기 위한 사회과학의 '황금률'과 같은 실험 설계 방식이다.

이 실험의 설계는 매우 엄격한 통제 하에 이루어진다. 먼저, 조사의 대상이 되는 동일한 모집단에서 표본을 추출한 뒤, 이들을 무작위로 두 개의 집단으로 나눈다. 무작위 배정(Random Assignment)은 이 실험의 과학적 타당성을 담보하는 가장 중요한 절차로, 두 집단이 통계적으로 모든 특성(성별, 연령, 지역, 정치 성향 등)에서 동일하다고 간주할 수 있게 만들어준다. 그 후, A 집단에게는 숙련된 인간 면접원이, B 집단에게는 AI 면접원이 완전히 동일한 설문지 스크립트를 가지고 전화를 걸어 조사를 진행한다. 만약 두 집단의 조사 결과에서 응답률,

특정 문항의 응답 분포 등에서 체계적인 차이가 발견된다면, 그 차이는 오직 '면접원의 유형(인간 vs. AI)' 때문에 발생한 것이라고 과학적으로 추론할 수 있다.

이러한 실험을 통해 연구자들은 다음과 같은 핵심적인 질문들에 대한 객관적인 증거를 찾으려 노력한다. 첫째, 협조 수준의 차이다. 사람들은 인간의 목소리와 기계의 목소리 중 어디에 더 기꺼이 응답하고, 끝까지 대화를 완주하는가? 둘째, 데이터의 완전성이다. 특정 질문에 "답하고 싶지 않다"고 말하는 항목 무응답률이나 응답의 일관성 측면에서 누가 더 나은 데이터를 수집하는가? 셋째, 데이터의 타당성(정확성)이다. 특히 소득이나 정치적 의견과 같이 사회적 시선이 의식되는 민감한 질문에 대해, 어느 쪽이 더 솔직하고 편향이 적은 답변을 이끌어내는가? 이러한 비교 연구의 결과들은, 우리가 AI 면접원이라는 새로운 도구를 언제, 어떻게, 그리고 어떤 한계를 가지고 사용해야 하는지에 대한 중요한 과학적 지침을 제공한다.

데이터 품질 비교(1): 응답률과 항목 무응답

여러 연구에서 일관되게 나타나는 결과 중 하나는, 현재 기술 수준에서 응답률(Response Rate)과 조사 완주율

(Completion Rate)은 여전히 인간 면접원이 AI 면접원보다 우세하다는 점이다. 사람들은 아직까지 기계와의 장시간 대화에 익숙하지 않으며, 낯선 번호로 걸려온 전화에서 기계음이 나오는 순간 스팸으로 인식하고 바로 전화를 끊어버리는 경향이 강하다. 또한 숙련된 인간 면접원은 대화의 첫머리에서 유연한 상호작용을 통해 상대방의 경계심을 허물고 조사의 중요성을 설득하여 참여를 유도하는 능력이 있지만, AI는 정해진 스크립트 외의 대응이 어렵다. 조사 진행 도중에도 AI의 부자연스러운 대화 방식이나 음성 인식 오류에 답답함을 느껴 중도에 이탈할 확률이 인간 면접원의 경우보다 높게 나타난다. 이는 AI 조사가 아직 '첫 만남의 문턱'을 넘고 응답자의 참여를 끝까지 유지하는 데 어려움을 겪고 있음을 의미한다.

하지만 일단 조사에 참여하기로 한 응답자들을 대상으로 하면, 매우 흥미로운 반전이 나타난다. 바로 '항목 무응답률(Item Non-response Rate)'에서는 AI 면접원이 인간 면접원보다 더 나은, 즉 더 낮은 무응답률을 보인다는 것이다. 항목 무응답이란, 전체 조사에는 참여했지만 특정 질문에 대해서만 "답하고 싶지 않다" 또는 "모르겠다"고 답변을 거부하는 것을 의미한다. 특히 소득이나 재산, 건강 상태와 같이 사적인 질문에 대해, 사람들은 인간 면접원에게 답변을 거부하는 것에 비해 감정이 없는 AI에게는 상대적으로 심리적 부담을 덜 느끼는 경향이 있다.

답변 거부는 일종의 사회적 행위인데, 인간 면접원 앞에서는 나의 거부가 상대방을 무시하거나 비협조적으로 비칠까 우려하게 된다. 반면, AI는 응답자의 거부나 망설임에 감정적으로 반응하지 않고, 정해진 규칙에 따라 중립적으로, 그리고 끈기 있게 답변을 요청한다. 이러한 AI의 '몰인간성'과 '비판단적 특성'이 역설적으로 특정 유형의 데이터 품질, 즉 데이터의 완전성을 높이는 데 기여하는 것이다.

데이터 품질 비교(2): 사회적 바람직성 편향

AI 면접원의 가장 큰 잠재력은 조사 방법론의 오랜 숙제인 '사회적 바람직성 편향(Social Desirability Bias)'을 줄이는 데 있다. 이는 응답자가 자신의 실제 생각이나 행동보다, 사회적으로 더 바람직하게 보이거나 규범에 맞는다고 생각되는 방향으로 답변하려는 경향을 의미하며, 다른 사람이 나를 평가하고 있다는 인식이 강할수록, 즉 인간 면접원 앞에서 특히 강하게 나타난다. 예를 들어,

사람들은 면접원에게 자신이 더 도덕적이고(투표에 항상 참여한다), 더 합리적이며(정치 문제에 관심이 많다), 더 사회 규범을 잘 지키는 사람(음주를 적게 한다)처럼 보이고 싶어 한다. 이러한 편향은 여론의 실제 모습을 심각하게 왜곡할 수 있다.

수많은 연구 결과는 AI 면접원과의 조사에서 이러한 편향이 유의미하게 감소함을 보여 준다. 스탠퍼드 대학의 연구에 따르면, 응답자들은 인간 면접원에게보다 AI 면접원에게 자신의 음주량이나 부정적인 감정 상태에 대해 훨씬 더 솔직하게 보고하는 경향을 보였다. 이는 응답자들이 AI를 '판단하지 않는(non-judgmental)' 대화 상대로 인식하기 때문이다. 즉, AI와의 대화는 심리적으로 인간과의 대면 상호작용이라기보다는 익명성이 보장된 컴퓨터 화면에 자기 자신에 대해 기록하는 행위에 더 가깝게 느껴진다. AI 앞에서는 자신의 답변이 사회적으로 어떻게 비칠지에 대한 걱정, 즉 '체면의 위협(threat to face)'을 덜 느끼게 되며, 이는 곧 더 진실에 가까운 데이터로 이어진다.

이러한 발견은 조사 연구에 매우 중요한 함의를 가진다. 특히 성(性) 문제, 불법 약물 사용 경험, 가정 내 폭력, 혹은 사회적으로 비주류로 취급되는 정치 의견 등 사회적 낙인이 강한 주제를 다루는 조사에서, AI 면접원은 인간 면접원이 결코 얻기 어려운 수준의 솔직한 데이터를 수집할 수 있는 강력한 잠재력을 가지고 있다. 이는 AI 면접원이 단순히 비용을 절감하는 효율적인 대안을 넘어, 특정 연구 주제에 대해서는 인간 면접원보다 더 정확하고 타당한 데이터를 얻을 수 있는 방법론적으로 우월한 도구가 될 수 있음을 시사한다. 또한 조사 연구의 패러다임을 바꾸는 중요한 발견으로, 연구자는 이제 비용뿐만 아니라 '측정하고자 하는 대상의 특성'에 따라 인간과 AI 면접원 중 무엇이 더 적합한 도구인지 전략적으로 선택해야 하는 새로운 과제에 직면하게 되었다.

참고문헌

Lucas, G. M. et al.(2014). It's only a computer: Virtual humans increase willingness to disclose. *Computers in Human Behavior, 37*, pp.94~100.

Schober, M. F. et al.(2015). Precision and Disclosure in Text and Voice Interviews on Smartphones. *Social Science Computer Review 35,* no. 1(2017): 20~41.

Tourangeau, R. et al.(2002). Self-Administered Questions by Telephone: Evaluating Interactive Voice Response. *Public Opinion Quarterly, 66*(2), pp.269~278.

Cerina, Roberto, and Élise Rouméas. The Democratic Ethics of Artificially Intelligent Polling. *AI & SOCIETY,* vol. 40, 2025,

pp.3209~3223,
https://doi.org/10.1007/s00146-024-02150-4.

07
AI가 따라올 수 없는 기술과 가치

AI 면접원은 표준화와 효율성에서 인간을 능가하지만, 인간 고유의 강점인 '사회적 상호작용' 능력은 결코 따라올 수 없다. 숙련된 인간 면접원은 응답자의 미묘한 감정을 읽고 '라포(Rapport)'를 형성하여 신뢰를 얻으며, 모호한 답변의 이면을 파고드는 유연한 '프로빙(Probing)'을 통해 더 깊은 통찰을 이끌어낸다. 또한 예상치 못한 상황에 대처하고 윤리적 딜레마에 공감하며 대처하는 능력은, AI가 아닌 인간만이 가진 대체 불가능한 가치다.

AI와 애니메이션?

라포 형성: 기계는 어떻게 마음을 얻는가?

조사 연구에서 '라포(Rapport)'란, 면접원과 응답자 사이에 형성되는 상호 신뢰와 친밀감, 그리고 편안한 분위기를 의미한다. 이는 단순히 친절한 태도를 넘어, 응답자가 면접원을 자신을 존중하고 자신의 의견을 진지하게 경청하는 파트너로 인식하게 만드는 심리적 유대 관계다. 라포의 본질은 '안전한 대화 공간'을 만드는 데 있다. 좋은 라포가 형성되면, 응답자는 자신의 답변이 어떻게 평가받을지에 대한 사회적 불안감에서 벗어나, 질문의 내용에 온전히 집중하고 자신의 생각을 솔직하게 표현할 수 있게 된다. 이는 결과적으로 더 길고, 더 성실하며, 더 깊이 있는 답변으로 이어져 데이터의 질을 근본적으로 향상시킨다. 특히 조사 참여 결정이 이루어지는 도입부에서 라포 형성은 응답자의 경계심을 허물고 협조를 이끌어내는 데 결정적인 역할을 한다.

숙련된 인간 면접원은 이러한 라포 형성을 위해 다양한 미세 기술들을 동원한다. 그들은 단순히 기계처럼 질문만 순서대로 읽는 것이 아니라, 응답자의 목소리 톤, 말의 속도, 그리고 순간의 망설임과 같은 '준언어적(paralinguistic)' 신호를 민감하게 포착하여 응답자의 심리 상태를 파악한다. 그리고 상대방의 말에 진심으로 공감하는 반응을 보이거나("아, 그러셨군요"), 적절한 맞장구를 치거나, 때로는 가벼운 유머를 던지는 등 다양한 사회적 기술을 활용하여 딱딱한 조사 분위기를 부드럽고 인간적인 대화의 장으로 만들어 나간다. 또한 상대방의 말하는 속도나 목소리 톤을 무의식적으로 따라가는 '음성 미러링(vocal mirroring)'과 같은 기술을 통해 동질감을 형성하기도 한다.

하지만 현재의 AI 면접원은 이러한 섬세한 사회적 상호작용 능력이 근본적으로 부재한다. AI는 프로그래밍된 공감의 '표현'("힘드셨겠네요")을 기계적으로 흉내 낼 수는 있지만, 응답자가 처한 구체적인 상황과 감정을 진정으로 '이해'하고 그에 맞춰 유연하게 반응하지는 못한다. 예를 들어, 응답자가 자신의 어려운 처지에 대해 길고 복잡한 이야기를 털어놓을 때, AI는 그 이야기의 감정적 맥락을 이해하지 못하고 다음 질문으로 넘어가려는 기계적인 모습을 보일 수 있다. 이는 응답자에게 무례하고 차갑다는 인상을 주어 라포 형성을 심각하게 방해하며, 결과적으로 데이터의 질을 떨어뜨리는 요인이 된다. AI의 어설픈 공감 시도는 오히려 '불쾌한 골짜기(uncanny valley)' 현상을 유발하여, 진정한 소통이 아닌 기만당하고 있다는 느낌을 주어 응답자의 마음을 닫게 만들 수 있다.

프로빙의 기술: 대본에 없는 질문을 던지다

숙련된 인간 면접원의 또 다른 강력하고 대체 불가능한 무기는 바로 '프로빙(Probing)', 즉 '탐침 질문'을 던지는 능력이다. 응답자들은 종종 "글쎄요, 그저 그래요"와 같이 모호하거나, "다들 그렇죠 뭐"처럼 불완전하거나, 혹은 질문의 핵심을 벗어나는 답변을 하곤 한다. 이때, 미숙한 면접원은 그 답변을 그대로 기록하는 데 그치지만, 좋은 면접원은 대화의 흐름을 깨지 않으면서도 더 구체적이고 깊이 있는 정보를 얻어내기 위한 중립적인 추가 질문을 던진다. 이는 일방적인 심문이 아니라, 응답자가 자신의 생각을 더 명확하게 탐색하고 구체화하도록 돕는 협력적인 인지 활동에 가깝다.

좋은 프로빙은 상황에 따라 다양한 형태로 이루어진다. "그 정책은 별로예요"라는 답변에 대해, "혹시 어떤 점에서 별로라고 생각하시는지 조금만 더 말씀해 주시겠어요?"라고 묻는 것은 '상세화 프로빙(elaboration probe)'이다. "그렇게 생각하시게 된 특별한 계기나 경험이 있으신가요?"라고 묻는 것은 답변의 근거를 탐색하는 '구체화 프로빙(clarification probe)'이다. 때로는 의도적인 침묵을 통해 응답자가 스스로 말을 이어가도록 유도하는 '침묵 프로빙(silent probe)'도 매우 효과적인 기술이다. 중요한 것은 이 모든 프로빙이 응답자에게 특정 답변을 유도하지 않는, 완벽하게 중립적인 형태를 유지해야 한다는 점이다.

이러한 프로빙은 미리 짜인 대본과 결정 트리(decision tree)에 따라 엄격하게 움직이는 현재의 AI 면접원에게는 거의 불가능한 과제다. AI는 응답이 미리 정의된 범주(예: 찬성/반대/모름)에 속하지 않을 경우, 그 복잡한 의미를 이해하지 못하고 대화를 반복하거나 오류를 일으키기 쉽다. 인간 면접원의 프로빙 능력은 단순히 규칙을 따르는 것이 아니라, 대화의 맥락, 사회적 통념, 그리고 인간 심리에 대한 깊은 이해를 바탕으로 가장 적절한 질문을 즉흥적으로 만들어 내는 창의적이고 유연한 문제 해결 능력이다. 이처럼 대화를 더 깊은 차원으로 이끌어 가는 능력은 AI가 쉽게 따라오기 어려운, 인간의 고차원적인 인지 능력에 기반한다.

예외 상황 처리와 윤리적 판단

조사 현장은 항상 예측 불가능한 변수들로 가득하다. 어떤 응답자는 조사 주제에 대해 갑자기 강한 분노를 표출하거나, 슬픈 개인사를 이야기하며 울음을 터뜨릴 수도 있다. 또 다른 응답자는 질문과 전혀 상관없는 자신의 신세 한탄을 몇 분 동안 늘어놓기도 한다. 이러한 '예외 상황(Exception Handling)'에 인간적으로 대처하는 능력이야말로 인간과 기계의 가장 근본적인 차이가 드러나는 지점이다. AI 면접원은 이러한 복잡한 감정적 상황을 인지하거나, 그에 공감하거나, 윤리적인 판단을 내릴 수 없다. AI는 프로그램된 오류 처리 외의 모든 예외 상황 앞에서 속수무책이다.

반면, 인간 면접원은 이러한 위기 상황에서 기계가 결코 할 수 없는 중요한 역할을 수행한다. 그들은 응답자의 감정을 진정시키고, 공감과 위로의 말을 건네며, 필요한 경우 조사를 잠시 중단하거나 나중에 다시 통화할 것을 제안하는 유연성을 발휘할 수 있다. 이는 단순히 데이터를 수집하는 것을 넘어, 응답자의 안녕과 존엄성을 보호하는 연구 윤리의 기본을 실천하는 행위다. 숙련된 면접원은 응답자의 격한 감정을 담아내는 '감정의 컨테이너' 역할을 수행하며, 응답자가 존중받고 있다는 느낌을 받도록 돕는다.

더 나아가, 인간 면접원은 때로 매우 복잡하고 무거운 윤리적 판단의 책임을 져야 한다. 만약 응답자가 대화 도

중 심각한 가정 폭력이나 아동 학대의 피해자임을 암시하거나, 자살의 위험을 내비치는 발언을 할 수도 있다. 이러한 극단적인 상황에서 면접원은 응답자의 비밀을 보장해야 하는 연구 윤리의 원칙과, 한 인간의 생명을 보호해야 하는 더 큰 윤리적 의무 사이에서 어려운 결정을 내려야 한다. AI는 오직 프로그래밍된 규칙에 따라 작동하지만, 인간은 규칙과 함께 자신의 도덕적 나침반에 따라 행동한다. 숙련된 면접원은 이러한 상황을 인지하고, 정해진 프로토콜에 따라 슈퍼바이저에게 보고하거나 관련 기관에 도움을 요청하는 등 책임 있는 행동을 취해야 할 의무가 있다. 이처럼 인간 면접원은 단순히 데이터를 수집하는 기술자를 넘어, 조사 과정에서 만나는 사람들의 존엄성과 안녕을 보호해야 하는 '인간적인 책임'을 지닌 존재다. 이러한 공감과 윤리의 영역은 아무리 기술이 발전하더라도 AI가 결코 완전히 대체할 수 없는, 인간 면접원의 가장 고유하고 숭고한 가치다.

참고문헌

Fowler, F. J., Jr. & Mangione, T. W.(1990). *Standardized survey interviewing: Minimizing interviewer-related error*. Sage Publications.

Schaeffer, N. C. et al.(2010). Interviewers and interviewing.

Handbook of survey research, pp.437~470. Emerald Group Publishing Limited.

Weiss, R. S.(1994). *Learning from strangers: The art and method of qualitative interview studies.* Simon and Schuster.

08
AI는 어떻게 더 인간다워지는가

AI 면접원의 가장 큰 한계인 '공감 능력의 부재'를 극복하기 위해, 기술은 인간의 감성과 사회적 상호작용을 학습하고 있다. AI 면접원이 단순한 정보 수집 도구를 넘어, 더 인간적인 소통 파트너로 진화할 가능성을 보여 주는 것이다. 하지만 이 시도는 동시에 기술의 근본적인 한계와 우리가 마주해야 할 새로운 윤리적 문제를 함께 드러낸다.

AI와 인재 채용?

감성 컴퓨팅: 목소리에서 감정을 읽다

7장에서 논의했듯이, AI 면접원이 인간과 가장 다른 점은 '공감' 능력의 부재다. AI는 응답자의 답변 내용(content)은 이해할 수 있지만, 그 답변에 담긴 감정적 뉘앙스(nuance)나 배경(context)을 이해하지 못한다. 이러한 한계를 극복하기 위해, AI 연구자들은 기계가 인간의 감정을 인식하고, 해석하며, 심지어 표현할 수 있도록 만드는 '감성 컴퓨팅(Affective Computing)' 분야에 집중하고 있다. 이는 컴퓨터에 지능 지수(IQ)뿐만 아니라 감성 지수(EQ)를 부여하려는 시도로, 인간과 기계 사이의 근본적인 소통 격차를 줄이려는 노력의 일환이다. 전화조사 환경에서 이는 주로 응답자의 '목소리'를 분석하는 기술을 통해 구현된다. 이 기술의 이론적 기반은 인간의 기본 감정(기쁨, 슬픔, 분노 등)이 문화권을 넘어 보편적인 생리적, 음성적 신호로 나타난다는 심리학 연구에 뿌리를 두고 있다.

음성 감성 인식 기술은 응답자가 말한 단어의 의미뿐만 아니라, 그 목소리가 가진 음향적 특징(acoustic features), 즉 준언어적 정보를 정밀하게 분석한다. 이 과정은 매우 기술적이다. 먼저, 음성 신호에서 운율적 특징(prosodic features)인 목소리의 높낮이(pitch)와 그 변화 곡선, 소리의 크기(intensity), 말의 빠르기(tempo) 등을 추출한다. 동시에, 목소리의 음색과 관련된 스펙트럼 특징(spectral features)과 성대의 떨림 안정성과 관련된 음질 특징(voice quality features)인 '지터(jitter)'와 '쉼머(shimmer)'까지 수치화한다. 딥러닝 기술의 발전으로, AI는 수많은 사람들의 음성 데이터와 그에 해당하는 감정 레이블('기쁨', '슬픔', '분노' 등)을 학습하여, 이러한 복잡한 음향 특징들의 특정 조합이 어떤 감정 상태와 높은 상관관계를 갖는지를 스스로 학습한다.

이러한 기술이 고도화된다면, AI 면접원은 응답자의 감정 변화를 실시간으로 파악하고 대화 전략을 수정할 수 있다. 만약 응답자의 목소리에서 혼란이나 지루함의 신호가 감지되면, "많이 지치신 것 같은데, 잠시 쉬었다가 할까요?"와 같이 더 인간적이고 배려 깊은 상호작용을 제공할 수 있게 될 것이다. 또한 응답자가 "만족한다"고 말하면서도 목소리에서는 불만이나 주저함의 신호가 감지되는 '감정-내용 불일치'를 포착하여, 데이터의 이면에 숨겨진 더 깊은 통찰을 발견할 수도 있다. 하지만 여기에는 명백한 기술적 한계가 존재한다. 감정의 음성적 표현은 문화와 개인에 따라 매우 다르며, 하나의 음성 신호가 여러 가지 감정을 의미할 수 있어 해석의 모호성이 크다. 예를 들어, 빠른 말 속도는 흥분이나 기쁨을 의미할 수도 있지만, 불안이나 분노의 표현일 수도 있다. 이러한 맥락적 복잡성을 현재의 AI가 완벽하게 이해하기는 어렵기 때문에, 감성 컴퓨팅의 결과는 '확정적 진단'이 아닌 '확률적 추론'으로 신중하게 다루어져야 한다.

감성 챗봇과 소셜봇: 공감하는 대화의 시도

목소리에서 감정을 읽는 것을 넘어, AI가 직접 '공감하는 듯한 대화'를 생성하려는 노력도 활발히 이루어지고 있다. 이는 '감성 챗봇(Empathetic Chatbot)' 또는 '소셜봇(Social Bot)'의 개발로 이어진다. 기존의 챗봇이 정보 전달이나 과업 수행(예: 예약)과 같은 기능적 목표에 초점을 맞추었다면, 감성 챗봇은 사용자와의 정서적 교감과 긍정적인 관계 형성을 궁극적인 목표로 한다. 이는 사용자와 장기적인 사회적, 정서적 유대 관계를 구축하도록 설계된 '관계형 에이전트(Relational Agent)'라는 개념으로 발전하고 있다. 이들은 단순한 정보 교환을 넘어 인사, 스몰토크, 감정적 피드백과 같은 사회적 대화 전략을 사용하여 사용자의 신뢰와 참여를 이끌어낸다.

이를 위해, AI는 방대한 양의 인간 대화 데이터를 학습하여, 특정 상황에서 인간이 어떻게 공감하고, 위로하며,

유머를 구사하는지를 통계적 패턴으로 모방한다. 예를 들어, 한 응답자가 "요즘 경제가 너무 어려워서 힘들어요"라고 말했을 때, 단순히 "네. 알겠습니다. 다음 질문입니다"라고 넘어가는 대신, 감성 챗봇은 "아, 그러시군요. 요즘 다들 많이 힘들어하시는 것 같습니다. 정말 걱정이 많으시겠어요"와 같이, 상대방의 감정을 인정하고 공감을 표현하는 답변을 생성할 수 있다. 또한 응답자의 긍정적인 답변에는 "정말 좋은 소식이네요!"와 같이 함께 기뻐하는 반응을 보여 주며, 대화의 분위기를 더 부드럽고 인간적으로 만들 수 있다.

하지만 이러한 공감은 진정한 감정의 이해에 기반한 것이 아니라, 방대한 데이터로부터 학습된 '패턴 모방'과 '확률적 예측'에 가깝다는 명백한 한계를 가진다. AI는 '힘들다'는 단어 뒤에는 '걱정된다'는 표현이 나올 확률이 높다는 것을 학습했을 뿐, '힘들다'는 것의 실제 의미를 진정으로 이해하는 것은 아니다. 이로 인해 AI의 공감은 때로 맥락에 맞지 않거나 피상적인 수준에 머물러, 오히려 응답자에게 더 큰 소외감을 안겨줄 위험도 내포하고 있다. AI가 진정한 공감 능력을 갖추기 위해서는, 언어적 패턴 학습을 넘어 인간의 감정과 사회적 관계에 대한 근본적인 모델을 내재화해야 하지만, 이는 현재 기술 수준에서는 요원한 과제다.

기술적, 윤리적 한계: 진짜와 가짜의 경계

AI가 더 인간다워지려는 노력은 여러 가지 심각한 기술적, 윤리적 도전에 직면한다. 기술적으로, 인간의 감정은 매우 복잡하고 미묘하며, 문화적 배경에 따라 그 표현 방식이 전혀 다르다. 목소리 톤이나 특정 단어만으로 한 사람의 내면을 정확히 파악하는 것은 불가능에 가깝다. 특히 "그 정책 참 잘하는 짓이네요"와 같이 말의 내용과 실제 감정이 정반대인 반어법이나 풍자와 같은 고차원적인 소통을 현재의 AI가 이해하기란 매우 어렵다. AI는 이러한 발언을 문자 그대로 긍정으로 해석하여 데이터의 타당성을 심각하게 훼손할 수 있다. AI의 어설픈 공감 표현이 오히려 응답자에게 불쾌감을 주거나, 기만당하고 있다는 느낌을 주어 대화를 망칠 수도 있다.

더 근본적인 것은 윤리적 문제다. AI가 응답자의 감정 상태를 실시간으로 분석하고, 그 정보를 바탕으로 대화 전략을 수정하는 것은, 응답자의 심리적 취약점을 이용하여 원하는 답변을 얻어내거나 조사 참여를 지속시키려는 '감정적 조작(Emotional Manipulation)'의 위험성을 내포한다. 예를 들어, AI가 응답자의 목소리에서 망설임을 감지하고, 더 확신에 찬 톤으로 질문을 반복하여 응답을 유도하는 것은 과연 윤리적인가? 이는 응답자를 존중해야 할 대화의 파트너가 아닌, 통제하고 관리해야 할 대상으로 전락시킬 수 있다는 심각한 우려를 낳는다.

만약 기술이 발전하여 인간과 AI의 목소리를 전혀 구별할 수 없게 된다면, 우리는 자신이 기계와 대화하고 있다는 사실조차 인지하지 못하게 될 수 있다. 이는 응답자의 '알 권리'와 '자기 결정권'을 침해하는 명백한 기만행위이며, 연구 윤리의 핵심인 '사전 동의(Informed Consent)'의 원칙에 정면으로 위배된다. 이러한 투명성의 부재는 사회 전체의 신뢰를 무너뜨릴 수 있다. 또한 목소리와 감정 정보는 개인의 가장 내밀한 데이터에 속한다. 이러한 '감정 데이터'가 수집, 저장되어 다른 목적으로 활용될 가능성은 심각한 프라이버시 침해 문제를 야기한다. 이 데이터는 개인의 성격, 정신 건강 상태, 심지어 정치적 성향까지 추론하는 데 사용될 수 있으며, 이는 상업적, 정치적 목적의 정교한 프로파일링과 타기팅에 악용될 수 있다. 따라서 AI의 인간다운 상호작용을 연구하는 과정은, 기술의 발전을 추구하는 동시에, 그 기술이 인간의 존엄성을 훼손하지 않도록 엄격한 윤리적 가이드라인을 수립하고 사회적 합의를 형성해 나가는 노력을 반드시 병행해야 한다.

참고문헌

Bickmore, T. W. & Cassell, J.(2005). Social dialogue with embodied conversational agents. In J. Krahmer & M. Theune (Eds.), Advances in Natural Multimodal Dialogue Systems pp.19~54. Springer.

Calvo, R. A. & D'Mello, S.(2010). Affect detection: An interdisciplinary review of models, methods, and their applications. *IEEE Transactions on affective computing, 1*(1), pp.18~37.

Picard, R. W.(2000). *Affective computing.* MIT press.

09
AI 면접원의 윤리적 딜레마

AI 면접원 조사는 효율성의 이면에 심각한 윤리적 딜레마를 내포하고 있다. 응답자가 기계와 대화하고 있음을 명확히 알려야 하는 '투명성'의 원칙, 통화 내용과 목소리 정보가 어떻게 활용되는지를 고지하고 동의를 구해야 하는 '프라이버시' 문제, 그리고 오류나 오해로 인해 발생하는 문제에 대한 '책임 소재'의 불분명함이 핵심적인 쟁점이다. 기술의 발전은 이러한 윤리적 원칙과 사회적 규범의 정립을 요구한다.

AI와 기자?

투명성의 딜레마: '나는 AI입니다'라고 말해야 하는가?

AI 면접원 조사가 마주하는 첫 번째이자 가장 근본적인 윤리적 딜레마는 '투명성(Transparency)'의 문제다. 즉, 조사를 시작할 때 "저는 인공지능 면접원입니다"라고 자신의 정체를 명확히 밝혀야 하는가, 아니면 가능한 한 인간처럼 자연스럽게 행동하여 응답자가 AI임을 인지하지 못하게 해야 하는가? 이 질문은 단순히 기술적 선택의 문제를 넘어, 연구 윤리의 핵심 원칙인 '인간 존중'과 조사의 '과학적 타당성' 확보라는 두 가치가 충돌하는 지점이다.

이 딜레마의 한 축에는 칸트 철학에 뿌리를 둔 '완전 투명성'의 원칙이 있다. 이는 모든 인간을 결코 수단으로서만 대하지 말고, 항상 목적으로 대해야 한다는 정언명령에 기반한다. 이 관점에서, AI의 정체를 숨기는 것은 응답자를 존엄한 인격체가 아닌, 연구 목적 달성을 위한 데이터 추출의 '수단'으로 취급하는 명백한 기만 행위다. 응답자는 자신이 누구와 대화하고 있는지에 대한 모든 정보를 제공받은 상태에서, 조사 참여 여부를 스스로 결정할 자율성(autonomy)을 보장받아야 한다. 나중에 자신이 기계에게 속았다는 사실을 알게 되었을 때 느끼는 불쾌감과 배신감은 장기적으로 조사 연구 전체에 대한 사회적 신뢰를 훼손하는 심각한 결과를 초래할 수 있다. 또한, AI라는 사실을 명확히 인지해야만, 응답자가 AI의 잠재적인 오류나 부자연스러움을 이해하고 더 너그럽게 대처할 수 있다는 실용적인 장점도 있다.

반대 축에는 데이터의 질을 최우선으로 고려하는 '제한적 투명성'의 주장이 있다. 이들은 '반응성 효과(Reactivity Effect)', 즉 측정 행위가 측정 대상의 행동을 변화시키는 문제를 제기한다. 사람들은 상대가 AI라는 것을 알게 되면, 대화에 덜 몰입하거나, 더 짧고 단순하게 답하거나, 혹은 AI를 시험해 보기 위해 장난스럽거나 비정상적인 응답 행태를 보일 수 있다는 것이다. 이는 조사의 목표인 '인간의 자연스러운 의견 측정'을 방해하여 데이터의 타당성을 훼손한다. 이 관점은 소위 '튜링 테스트'의 정신과도 맞닿아 있는데, 인간과 구별할 수 없는 상호작용을 만들어 내는 것 자체를 기술적 성공으로 간주한다. 이 딜레마는 아직 사회적 합의가 이루어지지 않은 영역이지만, 대부분의 연구 윤리 가이드라인은 응답자의 알 권리를 존중하여, 최소한 조사의 어느 시점에서는 AI의 정체를 밝히고, 원할 경우 언제든지 인간 연구자와 소통할 수 있는 채널을 제공할 것을 강력하게 권고하고 있다.

프라이버시와 데이터 소유권

AI 면접원 조사는 기존의 전화조사와는 비교할 수 없는 수준의 방대하고 민감한 데이터를 수집한다. 단순히 응답 내용(텍스트)뿐만 아니라, 응답자의 고유한 목소리 특징이 담긴 '음성 데이터' 원본과, 응답 과정에서 드러나는 감정 변화나 망설임과 같은 '준언어적 데이터'까지 모두 저장되고 분석될 수 있다. 이는 심각한 '프라이버시(Privacy)' 문제를 야기한다. 목소리는 지문이나 홍채처럼 개인을 식별할 수 있는 고유한 '생체 정보'에 해당한다. 하지만 목소리는 지문과 달리 감정, 건강 상태, 피로도, 연령, 성별 등 훨씬 더 풍부한 2차 정보를 담고 있어 그 민감성이 훨씬 더 높다. 만약 이 음성 데이터가 유출되거나 오용된다면, 보이스피싱과 같은 범죄에 악용될 수 있으며, 특정인의 목소리를 위조하여 가짜 발언을 만들어 내는 '딥페이크 오디오' 범죄에 사용될 수도 있다.

이러한 데이터의 민감성은 유럽의 GDPR와 같은 현대 데이터 보호법의 핵심 원칙인 '데이터 최소화'와 '목적 제한'의 원칙을 엄격히 적용할 것을 요구한다. 연구자는 연구 목적 달성에 반드시 필요한 최소한의 데이터만 수집해야 하며, 수집 시 명시한 목적 외에 다른 용도로 데이터를 활용해서는 안 된다. 예를 들어, 단순히 의견의 분포를 보는 것이 목적이라면, 음성 원본을 저장할 필요 없이 텍스트 데이터만 수집하는 것이 데이터 최소화 원칙에 부합한다. 또한 정치 여론조사를 위해 수집된 음성 데이터를 응답자의 동의 없이 마케팅 목적의 성격 분석에 활용하는 것은 목적 제한 원칙에 위배된다.

따라서 연구 윤리의 핵심인 '사전 동의'의 기준 또한 더욱 엄격해져야 한다. 단순히 "조사에 참여하시겠습니까?"라는 포괄적인 동의만으로는 불충분하다. 진정한 의미의 사전 동의는 응답자가 자신의 데이터가 어떻게 활용될지 명확히 이해하고, 각 항목에 대해 '구체적이고 자발적인 사전 동의(Informed Consent)'를 할 수 있도록 보장해야 한다. 예를 들어, 연구자는 응답자에게 ① 통화 내용의 녹음 여부, ② 텍스트 변환 데이터의 분석 활용, ③ 음성 원본 파일의 감성 분석 등 2차 분석 활용, ④ 데이터의 보관 기간 및 파기 정책 등에 대해 명확히 설명하고, 각 항목에 대해 개별적인 동의를 구하는 절차를 마련해야 한다. 응답자는 자신의 음성 데이터가 감성 분석과 같은 2차 분석에 활용되는 것을 거부할 권리가 있으며, 언제든지 자신의 데이터에 대한 삭제를 요구할 수 있는 권리를 보장받아야 한다.

책임과 규제: AI가 실수했을 때 누가 책임지는가?

인간 면접원은 실수를 하더라도, 그에 대한 책임을 물을 수 있는 명확한 주체(면접원 개인, 혹은 그를 고용한 조사 회사)가 있다. 하지만 AI 면접원이 실수를 저질렀을 때, 그 책임은 과연 누구에게 있는가? 이는 AI 시대가 제기하는 새로운 '책임 소재(Accountability)' 문제다. AI 시스템은 하나의 단일한 주체가 아니라, AI 모델을 개발한 개발자, 그 모델을 특정 목적에 맞게 튜닝한 엔지니어, 그 시스템을 구매하여 조사를 수행한 조사 회사, 그리고 조사를 의뢰한 최종 클라이언트 등 복잡한 사슬로 얽혀 있다. 이처럼 책임이 여러 주체에게 분산되어 있어, 문제가 발생했을 때 누구에게 책임을 물어야 할지 모호해지는 '책임의 공백' 상태가 발생할 수 있다.

예를 들어, AI의 음성 인식 오류로 인해 특정 지역 주민들의 답변이 '찬성'에서 '반대'로 잘못 기록되어, 결과적으로 해당 지역에 대한 중요한 정책 결정이 왜곡되었다고 가정해 보자. 이로 인해 발생한 사회적, 경제적 피해의 책임은 과연 누구에게 있는가? 특히 심층 신경망과 같은 복잡한 AI 모델은 그 결정 과정을 인간이 완벽하게 해석하기 어려운 '블랙박스(black box)' 특성을 가지는 경우가 많아, 오류의 정확한 원인을 규명하고 책임을 할당하는 것을 더욱 어렵게 만든다.

따라서 AI 조사를 수행하는 모든 기관은 기술의 불완전함을 인정하고, 그로 인해 발생할 수 있는 잠재적 피해에 대한 책임 있는 자세를 보여 주어야 한다. 이를 위해, 응답자가 조사 과정에서 AI의 오류나 부적절한 반응으로 인해 불쾌감이나 심리적 피해를 입었을 경우, 이를 구제받을 수 있는 명확하고 접근 가능한 절차가 마련되어야 한다. 응답자는 언제든지 AI와의 대화를 중단하고 인간 상담사와 연결하여 문제를 제기할 수 있는 권리를 가져야 하며, 조사가 끝난 후에도 이의를 제기하고 자신의 데이터에 대한 정정을 요청할 수 있는 채널이 보장되어야 한다. 현재로서는 이러한 책임 소재와 구제 절차에 대한 법적, 제도적 논의가 기술의 발전 속도를 따라가지 못하고 있는 실정이다. 따라서 관련 기관들은 '알고리즘 영향 평가'와 같은 제도를 도입하여 사전에 위험을 예측하고, 문제가 발생했을 때 신속하게 대응하고 피해를 구제하기 위한 내부 정책과 시스템을 선제적으로 마련해야 할 윤리적 의무가 있다.

참고문헌

Calo, R.(2015). Robotics and the lessons of cyberlaw. *California Law Review, 103*, pp.513~563.

Mittelstadt, B. D. et al.(2016). The ethics of algorithms: Mapping the debate. *Big Data & Society, 3*(2).

Turkle, S.(2011). *Alone together: Why we expect more from technology and less from each other*. Basic books.

10
인간과 AI의 협업, 그리고 새로운 목소리

AI 면접원의 미래는 인간을 대체하는 것이 아닌, 인간과 협업하여 조사의 품질과 깊이를 더하는 방향으로 나아갈 것이다. AI는 대규모의 표준화된 조사를 효율적으로 수행하고, 인간 면접원은 공감과 소통이 필요한 심층적인 조사를 담당하는 역할 분담이 이루어질 것이다. 궁극적으로 기술의 발전은 단순히 여론을 측정하는 것을 넘어, 응답자의 권리를 보호하고 더 나은 소통의 방식을 모색하며, 조사라는 행위 자체의 민주적 가치를 어떻게 지켜나갈 것인가에 대한 끊임없는 성찰을 요구한다.

AI와 미래 의사?

인간과 기계의 협업: 최상의 조합을 찾아서

AI 면접원의 등장은 “기계가 인간의 일자리를 빼앗을 것”이라는 단순하고 이분법적인 대체론적 공포를 불러일으키곤 한다. 하지만 조사 연구의 미래를 더 깊이 들여다보면 그 본질은 ‘대체’가 아닌 ‘협업’과 ‘확장’에 있다. AI 면접원의 미래는 ‘인간 또는 기계’라는 양자택일의 문제가 아니라 ‘인간과 기계의 협업(Human-AI Collaboration)’이라는 새로운 패러다임 속에서 그 해답을 찾게 될 것이다. 이는 각 주체가 자신이 가장 잘하는 역할에 집중하여, 전체 조사의 품질과 효율성을 극대화하는 시너지 모델이다. 이 접근법은 기술이 인간의 역량을 어떻게 보완하고 확장하여, 과거에는 불가능했던 새로운 연구의 지평을 열 수 있는지에 대한 더 성숙하고 생산적인 논의로 우리를 이끈다.

가장 현실적이고 즉각적으로 적용 가능한 협업 모델은 ‘역할 분담’이다. 이 모델에서 AI 면접원은 대규모 표본을 대상으로 하는 표준화된 양적 조사나, 민감도가 낮고 사실 정보를 묻는 단순한 조사에서 그 압도적인 강점을 발휘할 수 있다. 예를 들어, 수만 명을 대상으로 한 정책 인지도 조사, 제품 사용 실태 조사, 혹은 매일매일 여론의 추이를 추적하는 트래킹 조사는 AI가 비용 효율적으로 수행하기에 가장 적합한 영역이다. 반면, 인간 면접원은 소수의 응답자를 대상으로 한 심층 인터뷰, 트라우마나 정신 건강과 같이 매우 민감하고 복잡한 주제를 다루는 질적 연구, 혹은 특정 사회 문제에 대해 깊이 있는 토론을 이끌어내야 하는 전문가 조사에서 그 대체 불가능한 가치를 발휘한다. 이처럼 AI는 '넓이'를, 인간은 '깊이'를 담당함으로써, 조사 연구는 양적인 신뢰도와 질적인 통찰력을 동시에 확보할 수 있게 된다.

더 나아가, 두 주체의 강점을 결합한 '단계적 연계' 모델은 조사 연구의 새로운 지평을 열 수 있다. 이는 일종의 '깔때기' 방식이다. 1단계에서 AI 면접원이 먼저 수만, 수십만 명을 대상으로 한 대규모 스크리닝 조사를 매우 저렴하고 신속하게 수행하여, 특정 조건(예: 희귀 질환 경험자, 특정 정책의 직접적 수혜자)에 부합하거나 심층적인 논의가 필요한 소수의 응답자를 효율적으로 찾아낸다. 그 다음, 2단계에서 이렇게 정밀하게 선별된 소수의 응답자에게만 숙련된 인간 면접원이 2차적으로 심층 전화 인터뷰를 진행하는 방식이다. 이는 AI의 효율성과 인간의 깊이를 결합하여, 과거에는 비용과 시간의 제약으로 거의 불가능했던, 광활한 모집단 속에서 '바늘 찾기'와 같았던 연구를 현실적으로 가능하게 만드는 매우 효과적인 전략이다. 이러한 협업 모델의 등장은 인간 면접원의 역할 변화를 예고한다. 미래의 인간 면접원은 단순한 '질문 낭독자'가 아닌, 복잡한 상호작용과 깊은 공감 능력을 요구하는 고도의 질적 연구 전문가, 혹은 상담가로서의 역량을 더욱 발전시켜 나가야 할 것이다.

'응답자 경험'의 재발견

기술의 발전은 우리에게 '효율성'을 넘어, '응답자 경험(Respondent Experience)'의 질을 어떻게 높일 것인가라는 더 근본적인 질문을 던지게 한다. 과거의 전화조사는 종종 응답자의 시간을 일방적으로 빼앗고, 기계적인 질문을 반복하는 불편하고 소모적인 경험이었다. 급락하는 응답률은 이러한 '추출 중심적' 모델이 더 이상 지속가능하지 않다는 명백한 신호다. 하지만 AI 기술은 이러한 경험을 개인화되고, 더 흥미로우며, 심지어 응답자에게도 유익한 '상호 호혜적인' 경험으로 바꿀 엄청난 잠재력을 가지고 있다. 이는 조사자와 응답자의 관계를 일방적인 '데이터 채굴'에서 상호 존중에 기반한 '지식 파트너십'으로 전환하는 것을 의미한다.

예를 들어, 미래의 AI 면접원은 단순히 정해진 질문만 하는 것이 아니라, 응답자의 과거 답변 이력을 기억하고,

현재의 관심사를 파악하여, 그에게 가장 관련성 높은 질문만을 던지는 '적응형 조사(Adaptive Survey)'를 수행할 수 있다. 응답자가 특정 주제에 대해 깊은 지식과 의견을 보이면, AI는 해당 주제에 대한 심층 질문으로 대화를 이어가고, 관심 없는 주제는 과감히 건너뛸 수 있다. 이는 조사를 응답자 개개인에게 맞춰진 하나의 '맞춤형 대화'로 만들어, 응답자의 시간과 지성을 존중하는 경험을 제공한다.

또한 조사가 끝난 뒤에는 응답자의 참여에 대한 감사의 표시로, 단순한 보상을 넘어 지적인 보답을 제공할 수 있다. "오늘 주신 소중한 의견을 바탕으로 분석된 우리 사회의 OOO에 대한 잠정적인 결과는 다음과 같습니다. 흥미로우신가요?"와 같이, 조사 결과를 즉각적으로 요약하여 공유해 줄 수도 있다. 이는 응답자가 단순히 데이터 제공자에 머무는 것이 아니라, 지식 생산 과정에 함께 참여하고 그 결실을 나누는 존중받는 파트너라는 인식을 심어준다. 이처럼 응답자의 경험을 존중하고 그들에게 가치를 되돌려주려는 노력은, 장기적으로 조사에 대한 사회적 신뢰를 회복하고 더 높은 참여를 이끌어내는 가장 중요한 투자가 될 것이다.

미래의 과제: 기술, 윤리, 그리고 민주적 가치

AI 면접원이라는 새로운 목소리가 우리 사회의 여론을 듣는 중요한 도구로 자리 잡기 위해서는, 몇 가지 근본적인 과제를 해결해야 한다. 첫째, '기술의 접근성'과 포용성 문제다. AI의 음성 인식 기술이 특정 억양이나 사투리, 혹은 노년층의 불분명한 발음을 제대로 인식하지 못한다면, 이는 특정 집단의 목소리를 기술적으로 배제하는 새로운 형태의 '표집 편향'을 낳게 될 것이다. 이는 단순히 기술적 문제를 넘어, 누구의 목소리가 사회적으로 들릴 가치가 있는지를 기술이 결정하게 되는 '인식론적 불평등'의 문제로 이어진다. 따라서 기술은 모든 사람의 목소리를 동등하게 담아낼 수 있도록, 사회적 다양성을 포용하는 방향으로 발전해야 할 사회적 책무가 있다.

둘째, 9장에서 논의한 '윤리적 거버넌스'의 확립이다. AI 면접원의 투명성, 프라이버시 보호, 책임 소재에 대한 명확한 사회적, 법적 규범이 기술의 발전 속도에 맞춰 마련되어야 한다. 이는 개별 기업의 자율에만 맡길 수 있는 문제가 아니다. 학계, 산업계, 정부, 그리고 시민 사회가 함께 참여하여 AI 조사의 윤리 강령을 제정하고, AI 시스템의 공정성과 안전성을 검증할 수 있는 독립적인 감사 제도를 마련하는 등 사회 전체의 노력이 필요하다. 기술의 발전을 윤리적 통제 안에 두려는 노력이 없다면, 기술은 결국 사회적 신뢰를 잃고 고립될 것이다.

궁극적으로, AI 면접원 조사의 미래는 기술의 발전 자체보다 그 기술을 통해 우리가 어떤 '소통의 미래'와 '민주주의의 미래'를 만들고 싶은가에 대한 우리의 철학에 달려있다. 기술이 단순히 비용을 절감하고 효율성을 높이는 도구에 그치는 것이 아니라, 더 많은 사람들의 목소리를 더 깊이 있게 듣고, 사회적 논의를 더 풍부하게 만들며, 최종적으로는 우리 공동체가 더 현명한 의사 결정을 내리는 데 기여하도록 만들어야 한다. 기계의 목소리가 인간의 목소리를 지우는 것이 아니라, 오히려 더 많은 인간의 목소리가 존중받고 선명하게 울려 퍼지게 만드는 것, 그것이 바로 AI 면접원이라는 새로운 기술이 추구해야 할 진정한 목표가 되어야 할 것이다.

참고문헌

Couper, M. P.(2017). New developments in survey data collection. *Annual Review of Sociology, 43*, pp.121~145.

Dubber, M. D., et al.(Eds.)(2020). The Oxford Handbook of Ethics of AI. Oxford University Press.

West, M. & Allen, J.(2018). How artificial intelligence is transforming the world. Brookings Institution.

오승호

20여 년간 조사 회사에서 '서베이 컨설턴트'로 일하고 있다. 한국외국어대학교 러시아어과에서 학사학위를, 서강대학교 정치외교학과에서 석사학위를 받았다. 연구 논문으로는 "웹기반 선거여론조사의 쟁점과 신뢰성 제고방안 연구"(조성겸·오승호. 2021), "Web Survey Sampling Methods that Minimize Political Bias: PPS with Benchmarking Weight as a Size Variable"(Park Seunghwan·Oh Seungho, 2024 WAPOR CONFERENCE) 등이 있고 저서로는 《웹서베이》(커뮤니케이션북스, 2025)가 있다. 서베이 방법론에 전반적으로 관심이 많으며, 서베이 방법론과 관련하여 개인 블로그(https://method-survey.blogspot.com/)도 운영하고 있다.